中国国家博物馆全国考古发现系列丛书

礼出东方

山东焦家遗址考古发现

王春法　主编

北京时代华文书局

中国国家博物馆全国考古发现系列丛书——礼出东方——山东焦家遗址考古发现

中国国家博物馆全国考古发现系列丛书 —— 礼出东方——山东焦家遗址考古发现

山东策展团队

展 览 总 策 划：周晓波
主　　　　任：方　辉
副　主　任：王　芬　李慧竹

展 览 总 监：栾丰实　刘天东
展 览 统 筹：王　芬　王玉洁
展览内容设计：王　芬　路国权　唐仲明

展 览 资 料：路国权　赵清林　李冬燕　靳桂云
　　　　　　　宋艳波　赵永生　史本恒　沙晓红
　　　　　　　孙　悦
文 物 摄 影：唐仲明　边荣伟
文 物 修 复：陈孔利　张书禄　苑素花
布 展 协 助：武　昊　陆青玉　曹迎昕　袁　超
　　　　　　　孟庆蛟　黄梦雪　牛月明

前 言

王春法

中国国家博物馆馆长

山东章丘——中国考古的摇篮，是中国学者在中国东方发现并最早进行考古发掘和探索的区域之一。著名的龙山文化，就是以20世纪20年代原章丘龙山镇城子崖遗址得名而声闻海内，其历史脉络可追溯到距今4000多年。2016—2017年，山东大学的考古工作者们在章丘焦家遗址再次发现了距今5000多年、内涵丰富的大汶口文化中晚期遗存，揭露出包括夯土城墙、护城壕沟、祭祀坑和大型墓葬在内的诸多高等级设施，出土了大量规格齐全的玉器、白陶、黑陶和彩陶等高端礼仪用具。高等级墓葬棺椁齐全，开启后世棺椁制度的先河。大墓主人多陪葬象征王权的玉刀和玉钺，并以各种精美陶器和玉饰品显示占有的财富，陶器和玉器陪葬品的位置都非常固定，而且成套组合陪葬，在埋葬制度上形成了十分稳定的礼仪制度和文明化标志，具有时代早、规模大、制度全等特征。这些前所未有的重要发现昭示了焦家遗址作为鲁北古济水流域具有政治、经济和文化中心意义的大型聚落的重要史实。

回顾近百年前，龙山城子崖遗址的发现与科学发掘，从根本上动摇了"中国文化西来说"的谬论，中华文明独立起源、多元一体的历史演变规律从此日渐明晰；审视一个世纪后，焦家考古的惊世收获又为以城子崖为代表的龙山文化找到了重要源头，对于揭示5000年中华文明史，尤其是中国古代东方地区的文明化进程意义重大。焦家遗址以其丰硕成果和无可替代的学术价值入选2017年度全国十大考古新发现。

中华文明起源与早期国家产生等重大课题是中国考古要解决的中心问题。根据最新的研究成果，在距今5800年前后，黄河、长江中下游以及西辽河等区域都出现了文明起源迹象，距今5300年以来，中华大地各地区陆续进入了文明阶段。焦家遗址地处黄河下游，居于文明起源核心地域之中，对它的深入发掘和研究必将有助于揭示中华文明多元一体、兼容并蓄、绵延不断的形成与发展特征。

在新的历史时期，全国文化文物事业繁荣发展，一大批具有重大社会影响的考古遗存成果纷纷涌现。中国国家博物馆是代表国家收藏、保管、研究、展示、阐释能够充分反映中华优秀传统文化、革命文化和社会主义先进文化代表性物证的最高机构，在展览展示中国文化文物事业重大成就方面具有义不容辞的责任。"礼出东方——山东焦家遗址考古发现展"就是在这样的时代主题和社会期盼的共同召唤下应运而生。

本展览由中国国家博物馆、山东大学、山东省文物局和济南市人民政府共同主办，是中国国家博物馆全国考古发现成果系列展之一。

　　展览汇集了焦家遗址最新的考古发掘成果，精选了其中230余件玉器、陶器等遗存代表，是这些国宝首次以最全的阵容集中向公众亮相。展品中有玉钺、玉刀等大型礼器，也有形式精美的玉器饰品，更有富含生活气息的日用器皿。在远古时期，它们可能是至高无上的王权的象征，或者财富地位的标志，但今天它们更重要的功能和使命则是中国传统文化的代表性物证，向我们传达神秘悠远的历史信息。希望我们以此次考古新发现和展览为契机，共同追溯远古历史，品味悠久文明，为继续繁荣发展中华民族传统文化而不懈奋进。

目　录

工艺流变

礼制的产生、发展和社会分层

——以海岱地区史前贵族墓葬为例

栾丰实

一、贵族墓葬的发现与分布

在中国新石器时代几个主要文化区系中，海岱地区是发现史前墓葬比较多的地区之一。据不完全统计，海岱地区已经发现的史前墓葬总数接近4000座，其中北辛文化有100多座，大汶口文化3000多座，龙山文化近1000座。所以，从总体上看，海岱地区发现的史前墓葬主要集中在大汶口文化和龙山文化两个时期。

所谓贵族墓葬，是随着社会的发展，社会财富开始向一部分人集中和人们的社会地位发生变化，导致社会内部分化为不同的阶层，不同层级社会单位所拥有的社会财富开始发生相当程度的贫富分化，从而出现了代表社会上层富有成员的墓葬。如果着重于考古发现，我们主要可以从三个方面来界定墓葬的等级。

（一）墓葬的大小

具体指标包括墓室长、宽、深和面积，这些数据蕴涵着不等的劳动量，也是社会地位高低的标识之一。综观史前时期较早阶段的墓葬，长度2米左右、宽度小于1米和面积在2平方米以内是一般墓葬的数据。如果有的超过这一范围，并且墓葬之间的差别加大，可以认为是社会分化的结果。综合目前已有的考古发现，本文把墓葬长度3米左右、宽度1.5米左右和墓室面积4平方米以上，作为社会上层成员或称为贵族墓葬的一个大体标准。

（二）葬具的有无和多少

木质棺或椁的出现，是中国史前墓葬发展史上的一个重要里程碑。新石器时代较早时期的墓葬，均不使用木质葬具。后来开始出现一棺或一椁，并逐渐发展出内外相套的一椁一棺甚至更为复杂的形式。历史时期的多重棺椁，无疑是在史前墓葬棺椁的基础上发展起来的。

（三）随葬品的数量和质量

在墓葬中使用一定数量的生产工具、生活用具和装饰品陪葬的习俗产生较早。目前所知，早在旧石器时代就已经出现，如周口店山顶洞发现的人骨化石上就有不少石骨牙质的装饰品。这种趋向随着时代的推移有逐渐加剧的倾向。而具有礼器性质的随葬品的出现，则是社会发展到一定阶段的产物，它的有无和多少直接关涉到社会内部结构的发展变化。所以，这一因素是衡量社会分化程度和发展阶段的一项重要指标。

将以上三个方面的基本因素综合起来考虑，就可以大致确定史前时期的社会上层或贵族墓葬的产生和发展水平。应该指出的是，以上三个因素是随着时代的发展而不断地变化的，社会上层墓葬的墓室面积有逐渐加大、葬具有日渐复杂的发展趋势，而随葬品的数量和质量以及礼仪用器的产生和发展，都与社会的发展和时代的变迁密切相关。

按以上标准来考察海岱地区史前时期的墓葬，我们发现，在北辛文化和大汶口文化早期前半段，尽管一些墓地的墓葬之间出现了一定程度的分化，而这种分化也在缓慢的发展，但尚未出现具备上述三项条件的墓葬。而具备上述最低条件的墓葬则始见于大汶口文化早期后半段，并且这一时期也只是在个别墓地出现，目前所知仅有大汶口遗址。大汶口文化中期，达到这一级别的墓葬数量明显增多，其主要表现在两个方面：一是空间分布范围开始扩大，从鲁南扩展到苏北等地，一些等级较高的遗址和墓地也开始出现符合上述条件的贵族墓葬。如除大汶口遗址之外，像野店、花厅等墓地也有不少发现；二是同一墓地之内贵族墓葬的数量有所增加，并且在分布上也极具特色，有的贵族墓葬的分布相对比较集中，如野店中期墓地发现的9座墓葬，均为等级较高的大、中型墓葬，大汶口墓地和花厅北区墓地也存在这种现象。大汶口文化晚期阶段，墓葬的发展变化依然明显，中期的两个特点进一步加强，可以称为贵族墓葬的墓地向东扩及到鲁东南沿海地区，往北则推进到泰沂山系的北侧一带。同时，墓葬的绝对规格和等级又有较大提高，出现了墓室面积超过15平方米、随葬品百件以上的大型墓葬。如果结合聚落遗址之间的分化和分层，墓地和墓葬的这种变化应该引起我们深思。到龙山文化时期，虽然墓葬随葬品的数量明显减少，但贵族墓葬的权威性和独占性则进一步加强，以棺椁和礼器为代表的礼仪制度呈现逐渐规范化的趋向，像尹家城M15、西朱封三座大墓的规格和等级，即使放在后来的二里头文化中也毫不逊色。

二、棺椁的出现与发展

棺椁制度是中国古代社会礼制的重要内容之一。由考古发现可知，使用木质的椁和棺盛敛死者遗体进行埋葬的现象产生较早，并与史前时期的社会分层同步发展，逐渐演变为成熟的棺椁制度，并成为礼制的一个重要组成部分。

（一）大汶口文化中期阶段

明确无误的椁和棺产生于距今5500～5000年之间的大汶口文化中期阶段，不少遗址在这一时期开始出现木质葬具。例如：1959年发掘的大汶口墓地，属于这一阶段的M13、M53、M81、M94、M99、M107、M116等墓葬都发现有明确的葬具痕迹[11]。野店M49是1座大墓，墓长3.5、宽2.9、深3.9米，面积达10.15平方米，墓室内发现有长3.1、宽2.1米的大型木椁，其上有用13根原木搭成的椁盖，椁室空间较大，内部应有木棺[2]（图一）。呈子墓地发现的12座大汶口文化中期墓葬，有9座使用木椁或木棺，其中M7为5人合葬，每人都有单独的木椁[3]。建新墓地早期也有2座墓葬使用木棺[4]。这一阶段发现的木椁和木棺，形制不甚一致，归纳起来主要有三种形状：第一种平面呈"井"字形，用略加修整的圆木纵横垒叠而成；第二种平面为两侧长边或两端短边出头的"Ⅱ"字形，这种形制的木椁中有的可能与第一种是一类，因为木椁或木棺全部腐朽，清理时仅凭灰痕来辨认，不同的层次纵横交叠部位外伸高度有所不同，所以有可能将井字形认作"Ⅱ"字形；第三种平面为长方形，有底有盖，这是最常见的木棺的形制。从名称上来说，前两种形制应该是椁，最后一种为棺。

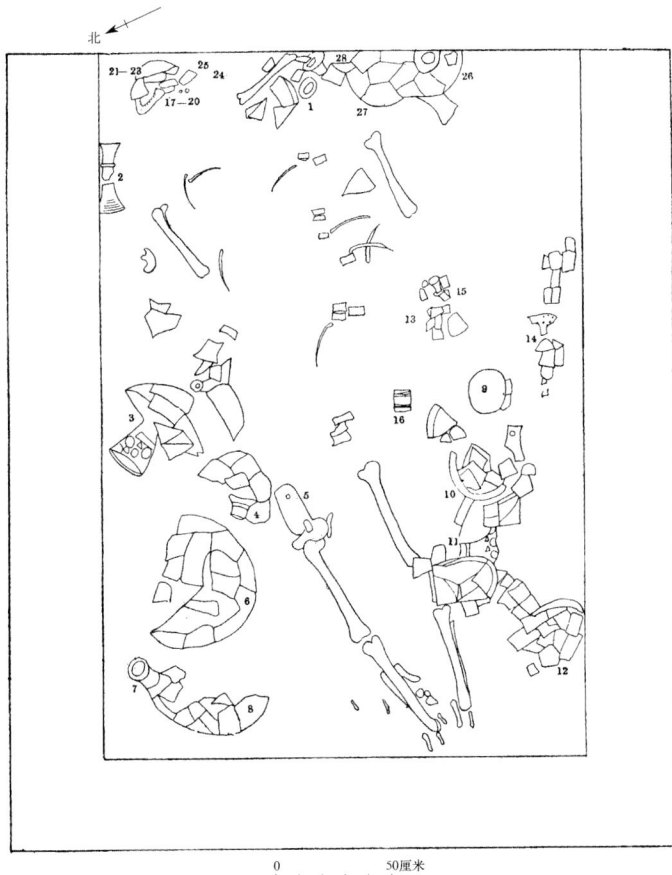

图一　野店M49平面图

（二）大汶口文化晚期阶段

距今5000～4600年的大汶口文化晚期，使用木椁和木棺的墓葬明显增多。就葬具的形制而言，基本上是延续了早期的三种形态，即平面为"井"字形、"Ⅱ"字形和长方形。这一时期在棺椁的使用方面产生了两个比较大的变化：一是出现了明确的棺和椁内外相套的重叠葬具，即椁内置棺，习称一椁一棺。野店M51是该墓地的一座大型墓葬，长3.8、宽2.35米，墓室内有长3.15～3.20、宽1.7～1.75米的"井"字形木椁，椁内置长2.2、宽0.78、存高0.3米的长方形木棺。这是中国目前发现的年代最早的一椁一棺的墓葬。同一墓地的M62，墓室长3.7、宽2.85、残深1.55米。墓内的木棺长2.1、宽0.7米。从二层台情况看，也应该是一座一椁一棺的墓葬（图二）。其他遗址相当级别的同时期墓地，也存在着数量不一的同类墓葬，如大汶口墓地的M10、M25、M60，陵阳河墓地的M6、M17等。二是棺椁成为身份和地位的标志物

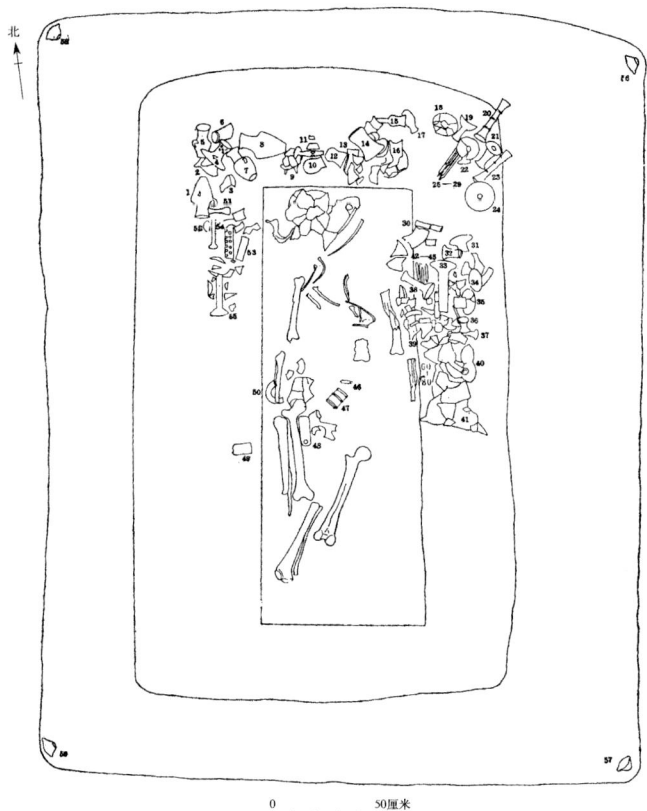

图二 野店 M62 平面图

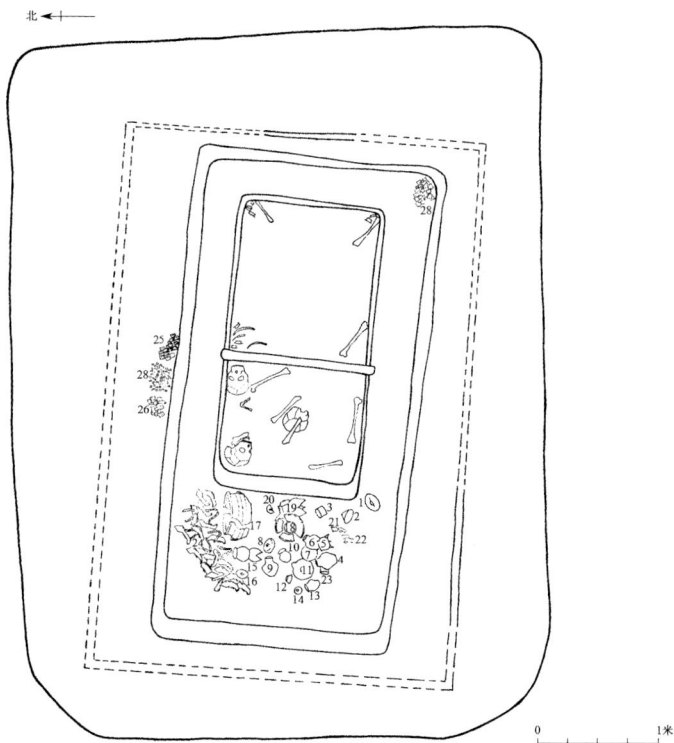

图三 尹家城 M15 平面图

之一。我们发现，凡具有一椁一棺的墓葬，都是那些最高等级遗址中最大的墓葬，上述所列莫不如此。而有木质的椁或棺的墓葬，也是最高等级遗址中比较大的墓葬或者是二级聚落遗址中最大的墓葬。这种情况当非偶然，由此看来，作为礼制载体的棺椁制度在这一时期开始形成。

（三）龙山文化时期

距今4600～4000年的龙山文化，棺椁的使用较大汶口文化晚期又有较大发展，主要表现在两个方面：一是棺椁的等级进一步提高，开始出现两椁一棺和椁内置边箱、脚箱的墓葬。如临朐西朱封遗址发现的3座龙山文化时期大型墓葬，其中2座为两椁一棺。M203，墓室长6.30～6.44、宽4.10～4.55米，面积为27.56平方米，内外椁均为井字形，外椁长4.65、宽2.75米，内椁长3.85、宽1.60米，棺为长方形，长2.6、宽0.58～0.60米[5]。二是作为葬具的棺椁的使用趋向于等级化和规范化。如尹家城龙山文化墓地发现的65座墓葬，在棺椁的使用方面，明显可以分为四个等级：最高一级仅1座，即M15，墓室长5.80、宽4.36米，面积25.29平方米，使用两椁一棺（图三）；第二级有4座，即M4、M126、M134、M138，长度在3.5米以上，面积接近或超过10平方米，使用一椁一棺；第三级为一棺墓；第四级为无棺墓[6]。所以，可以认为龙山文化时期不仅社会分化加剧，而且透过棺椁制度的等级化和规范化可以看出，作为维系社会秩序重要工具的礼制日渐成熟，并且为夏商周三代礼制的进一步发展奠定了基础。

由于年代久远，史前时期的木质葬具极难保存下来，木椁或木棺已全部腐朽，有的连木灰的痕迹都无法辨认，从而给葬具的认定带来了极大的困难和不便。同时，由于早期阶段田野考古发掘的经验不足，有时候连墓坑都难以划分出来，就更不用说腐朽得连痕迹都不好辨认的木质葬具了。所以，在木质葬具的辨认过程中，人为因素的影响也比较明显[7]。

按上述认识，我们发现，在一些没有发现木灰痕迹的墓葬中，也可能存在木质葬具。如属于大汶口文化中期阶段的野店第四期墓葬，就有存在熟土二层台的墓葬（如M50）。而同时期的野店M49，椁长3.1、宽2.1米，椁室大小与同一遗址一椁一棺的M51的椁室相若。所以，M49椁内也有存在棺的可能，只是由于破坏或者其他技术方面的原因而未能发现而已。

由此前推，时代更早的大汶口遗址早期墓葬中也有类似情况。如大汶口遗址早期墓地中有9座墓葬存在熟土二层台结构。其中最大的一座墓葬（M2005），时代为大汶口文化早期后段，墓室长3.6、宽2.28米，面积8.21平方米，熟土二层台内的空间为长2.74、宽1.3米，从大小来看，显然也是一个外椁室的空间。而其内的小框，则完全有可能是棺室[8]。

综上，海岱地区是最早发明和使用棺椁的地区之一。大汶口文化早期可能已经开始出现木质的椁或棺，早期后段至中期阶段，有可能已经出现一椁一棺集于同一墓葬的现象，到大汶口文化晚期阶段，这一做法扩展到了海岱地区的各主要区域，棺椁作为埋葬礼仪制度的重要内容，开始逐渐确立下来。龙山文化阶段，棺椁制度得到了进一步完善，并且日趋等级化、规范化和制度化。

三、随葬品中礼器的出现和发展

所谓礼器，是指那些专门用来从事礼仪性活动的器具。从礼器的形制、类别和数量，可以折射出当时社会礼仪活动的类别、等级和规模，进而为我们判明礼制的起源、形成和发展水平提供了重要依据。

礼仪活动的种类和形式是多种多样的，涉及社会的方方面面，如宴享、盟誓、婚嫁、祭祀、丧葬等，都是早期社会中比较重要的礼仪活动内容。随着社会分层的产生和发展，礼仪活动开始注入了分层社会所赋予的新内涵，即通过所谓的礼来规范人们的行为，对社会成员之间业已产生和形成的社会地位方面的高低、贵贱和所处的不同等级采用制度化的方式加以确认，礼制随之形成。当然，从礼制开始萌芽到形成规模化、制度化的礼制，有一个相当长的发展变化和不断完善的过程。表现在考古材料上，最常见的是由墓葬和礼制载体的礼器来体现社会成员之间的等差。墓葬资料所反映的主要是丧葬礼制方面的内容，墓室大小、棺椁制度等是其重要组成部分，而随葬品中的礼器则是另外一个重要内容。

（一）大汶口文化早期阶段

这一时期的墓葬随葬品中有一类比较别致和特殊的器形，即觚形杯。觚形杯的早期形态是一种较粗的束腰筒形杯，大汶口文化早期后段发展成为一种形体细长、因内部空间较小而容量有限的陶容器。从觚形杯的头重脚轻、重心不稳并且有的底部有穿透等现象看，其已经失去了实用效能。关于这种形态奇特的觚形杯的用途，至今没有一个合理的解释，或认为与原始宗教活动有关。如果结合后来一些礼器类器物的发展分析，我认为觚形杯应是一种祭祀用器具。所以，它不独在墓葬中出现，遗址的其他堆积中也时常出土。

做一简单统计就可以发现，大汶口文化早期墓葬中细长觚形杯的分布是较为普遍的，是同时期墓葬中陶器随葬品的基本组合成员之一，多数有陶器随葬的墓葬都有觚形杯。从分布面上观察，它不仅在较大的墓葬有，较小的墓葬也可以使用，只是在数量上有所差异而已。如王因墓地清理了899座墓葬，有随葬品的为537座，其中329座随葬有觚形杯。由此看来，觚形杯虽然是一种礼仪活动所用的器具，但在使用方面基本上不反映社会成员之间的地位差异，而属于一种社会内部普遍实行的礼仪活动的载体。换言之，它在社会成员之间还不具有独占性。

同一时期可以认为是礼仪用器的还有花纹艳丽而繁缛的彩陶，从器形上看主要有盆、钵、豆三类器物。与觚形杯不同，上述三类彩陶的数量甚少，并且绝大多数只见于大汶口文化早期阶段的后段偏晚时期。统计后发现，这些彩陶主要发现于那些在本墓地中墓葬规模较大、随葬品数量较多的墓葬之中，其分布上向较大较富墓葬集中的倾向已经开始显现。

（二）大汶口文化中期阶段

进入大汶口文化中期阶段之后，前一时期数量甚多的觚形杯，不仅形制发生了较大变化，数量也锐减，主要出现在一些规模较大的墓葬之内。如野店四期9座较大的墓葬中，有7座墓葬共使用19件觚形杯，除了1座（M34）墓葬因破坏十分严重而随葬品组合不全，余下的只有1座墓葬没有发现觚形杯。

这一时期的另一个新变化是出现了典型的鬶类器物。鬶的特色十分鲜明，它采用一种罕见的高岭土为原料，烧成后的颜色呈白色，在以红、灰、黑色为主的陶器群中可谓鹤立鸡群。鬶的用途也不十分明确，但与瘦长形觚形杯不同，鬶具有实用效能，过去有学者曾认为鬶是温酒器。考察鬶在墓葬中的分布发现，使用陶鬶随葬的墓葬不多，并且多为墓室面积较大、随葬品数量较多的富有墓葬。如大汶口墓地属于中期阶段的104座墓葬中，随葬陶鬶的墓葬只有15座，多数使用1件，墓室面积较大的M98则有3件。

钺是一种武器（不少文献中称为斧、铲），它既有实用的效能，也具有礼器的性质。一般说来，制作特别精致、没有使用痕迹的石质或玉质的钺，可以认为是一种礼仪用器。大汶口文化早期阶段，玉质钺基本不见，石钺则有一些，其中个别可能已经具有礼器的性质。到中期阶段，钺象征权力和威信的内涵逐渐显现，如野店的9座墓葬中，有4座使用石钺，其中最大的M49的石钺还涂成了红色。

（三）大汶口文化晚期阶段

这一时期墓葬的随葬品内具有礼器性质的器具中，出现一种由厚胎高足杯演化而来的陶器，即陶胎较薄近似蛋壳陶的黑陶高柄杯。这种高柄杯的造型典雅，学界公认其为具有礼器性质的器具。随着资料的增多，我们发现，在海岱地区内部的不同区域，重要遗址的墓葬随葬品中礼器的类别和数量存在着较大差异。

1．野店遗址

地处泗河中下游的野店小区，大汶口文化晚期仍然存在觚形杯，只是其形制与夏商时期的觚已十分接近，数量明显减少，这种觚形杯主要发现于大型墓葬中。如野店遗址共出土12件，其中11件出自最大的M62之中。同时，这一时期鬶的数量明显增多，其在墓葬中的分布呈现向大、中型墓葬集中的倾向。如，野店墓地属于大汶口文化晚期的25座墓葬，共有11座墓葬使用15件陶鬶，墓地中最大的2座墓葬（M62和M51）各有3件，其余9座中等墓葬各有1件，小型墓则无鬶。

2．大汶口遗址

位于泰山之阳的大汶口遗址，情况和野店有所区别。如这里没有发现晚期类型的觚形杯。大汶口遗址属于晚期的25座墓葬，共在8座墓葬中发现13件鬶，其中4座大、中型墓葬就占去9件。而薄胎高柄杯只发现7件，均出自最大的3座墓葬之中，其中M25就有5件之多，而该墓内还使用了2件陶鬶、6件玉石钺和5件骨雕筒，显然不是一般的墓葬[9]。这一时期发现的玉钺，不仅制作极为精致，并且没有使用痕迹，数量极少，应该是代表权力的特殊礼器。

3．陵阳河遗址

地处鲁东南的陵阳河遗址，发现与野店五期和大汶口晚期时代相当的墓葬45座，其突出特点是随葬品中鬶和高柄杯的数量惊人，并且绝大多数都集中于大、中型墓葬。如该墓地最大的M6和M17，前者使用陶鬶6件，高柄杯93件，另有石钺、骨雕筒等；后者则有陶鬶15件，高柄杯83件[10]，远远超过了自身的需求，明显具有显示和标志身份、地位的意义。

（四）龙山文化时期

到龙山文化时期，前一阶段的薄胎高柄杯演化为蛋壳陶高柄杯，成为名副其实的没有实用价值的礼器。从总体上看，这一时期随着墓葬内随葬品数量的减少，贵重器物被大、中型墓葬独占的倾向越来越明显。这种差别不仅表现在遗址内部，遗址之间的差别也十分悬殊。

1．呈子遗址

呈子遗址共发现87座龙山文化墓葬，有随葬品的墓葬只有35座，占40%，其中只有4座墓葬使用陶鬶（占总数的5%）和10座墓葬使用高柄杯（占总数的11%）。发掘者将呈子的墓葬划分为四类。第一类的墓室较大，有葬具和二层台，并且都有高柄杯和猪下颌骨，多数有陶鬶，其中最大的M32不仅墓室最大，有木质葬具，并且使用了1件陶鬶和2件高柄杯，还有13件猪下颌骨。第二类的墓室略小，葬具不普遍，随葬品丰富，少数有高柄杯。第三、四两类则没有或极少随葬品，更没有陶鬶和高柄杯[11]。

2．三里河遗址

三里河遗址共发现98座龙山文化墓葬，有随葬品的墓葬68座，占69%，其中12座使用14件陶鬶（占总数的12%）和26座使用36件高柄杯（占总数的27%）。与呈子遗址相同，三里河墓地使用鬶和高柄杯的墓葬，均为墓地中墓室面积较大、有葬具和随葬品数量多的墓葬，但是这两类器物在墓葬中的分布面和所占比例明显高于呈子遗址。

3．尹家城遗址

尹家城遗址共发现65座龙山文化墓葬，有随葬品的墓葬39座，占60%，其中7座墓葬共使用13件陶鬶，占总数的11%，14座墓葬使用16件高柄杯，占总数的22%。从比例上看，尹家城与三里河的数据十分接近，但尹家城龙山文化墓葬之间的差别要远远大于呈子和三里河，至少可以划分为五个等级。同时，尹家城龙山文化遗存的时代拉得比以上两处遗址都要长，中晚期墓葬数量较多。

4．西朱封遗址

西朱封遗址只发现了3座龙山文化大型墓葬。M1，鬶5件，高柄杯6件，罍1件[12]；M202，鬶4件，罍3件，有高柄杯（未能复原）；M203，鬶5件，罍7件，有高柄杯（未能复原）[13]。西朱封3座大墓中鬶、高柄杯和罍的数量明显多于其他遗址的同期大、中型墓葬，显示了较高的社会等级。同时，西朱封的龙山大墓中还发现了制作工艺高超的玉钺、多孔玉刀、透雕玉冠饰、玉簪和用于镶嵌的大量绿松石片等，显然不是一般社会成员可以使用的礼器。

综合分析以上龙山文化时期的几处遗址，三里河和呈子的时代相若，但两遗址之间差别比较明显，三里河遗址的墓葬规格和富有程度要高于呈子。所以，我们认为呈子可能是最低一级的聚落或接近最低一级的聚落，而三里河则明显高于呈子，属于中等级别的聚落。尹家城和西朱封两遗址的等级又明显高于三里河。但尹家城墓葬中鬶和高柄杯的数量和比例与三里河差别并不十分悬殊，当与年代因素有很大关系，即时代越晚，鬶和高柄杯越向大型墓葬集中，普通墓葬中出现的几率越低，而尹家城龙山文化大墓均属于中期，晚期则没有发现大型墓葬。同时，玉礼器更是只见于都城级的中心遗址中的大型墓葬，西朱封3座属于"王"的级别大墓的情况就清楚地反映了这一点。由此看来，在西朱封附近发现都城级的遗址只是一个时间的问题。

四、墓葬分化与社会分层

海岱地区丰富的墓葬资料为我们了解当时社会内部的分化提供了重要依据。经过系统整理和分析，我们认为可以从遗址之间和遗址内部两个方面来考察墓葬所体现的社会分化。而在时间上，又可以将这一发展过程划分为五个大的阶段，即北辛文化及其以前，大汶口文化早、中、晚期和龙山文化时期。

（一）北辛文化及其以前

后李文化和北辛文化时期的墓葬发现不多，墓葬数量略多的墓地有属于后李文化的章丘小荆山和属于北辛文化的

灌云大伊山、汶上东贾柏和泰安大汶口。小荆山墓地发现的21座墓葬，整齐地分为三排，方向一致，墓室的大小相若，除了个别有一二件装饰器，没有发现其他类别的随葬品。大伊山发现的墓葬略多，共有62座，除了1座相距较远之外，另外61座分布相对比较集中，可以区分为两大组若干小组。大伊山的墓葬特点较为鲜明，均为石棺墓，墓室狭小，多数墓葬有1～5件随葬品，超过5件只有3座墓葬，随葬品以日用陶器为主，这些现象体现了墓主们生前的关系较为平等。大汶口墓地只有10座北辛文化墓葬，情况与大伊山相似，存在石棺墓，随葬品的数量均在5件以内。东贾柏遗址发现北辛文化中晚期墓葬23座，除了单人葬之外，开始出现多人二次合葬墓，但墓葬的大小和随葬品的数量等方面差别不大。所以，可以认为后李、北辛文化时期的海岱地区，墓地和墓葬方面虽然出现了些微贫富分化，但相对于数千年的发展时间而言，变化的速率十分缓慢，并且社会内部的分化也很不明显。这种现象与同一时期聚落形态所反映的情况相同。如聚落之间较为平等，尚未出现分层级的聚落结构，聚落内部的差别也不大。由此可知，这一时期社会分层现象尚未产生，社会内部处于一种相对平等的时期。故可以称为平等社会时期。

（二）大汶口文化早期阶段

大汶口文化早期阶段的墓葬资料十分丰富，数量在百座以上的墓地就有王因、刘林、大墩子三处，其中王因墓地发掘出来的墓葬多达899座。此外，还有像野店、大汶口、小徐庄等墓葬数量略少但十分重要的墓地。从总体上看，这一时期墓葬之间的差别较之此前的北辛文化有了明显的变化，这种变化主要表现在以下三个方面：一是随着时间的推移，无论是同一墓地还是不同墓地之间的变化速度呈明显加快的趋势。大汶口文化早期阶段延续的时间大约有六七百年，在这一年代跨度之内，即使是同一墓地，变化也是相当明显的，变化速度远远超过后李、北辛文化时期。如发现墓葬最多并且等级不高的王因墓地，早段平均每座墓葬的随葬品数量是1.06件，中段为1.87件，而晚段为3.57件，晚段是早段的3.4倍。时代相同而等级最高的大汶口墓地，也呈现出相同的趋势，其早段平均每座墓葬的随葬品是6件，中段为24.9件，晚段则多达33.4件。二是同一墓地内部的墓葬之

间差别扩大。这一差别在单个墓葬之间和不同的墓群之间都有体现。单个墓葬随葬品的数量在北辛文化时期多数在1～5件，5～10件之间的甚少，没有超过10件者。而到大汶口文化早期，这种现象有了明显的改变，不仅出现了一定数量的超过10件随葬品的墓葬，而且在大汶口和大墩子这样等级较高的遗址，还出现了超过50件甚至百件的墓葬。墓群之间的差别也显而易见，如，等级最高的大汶口墓地可以分为四群，最多的第一群19座墓葬有551件随葬品，平均每座墓葬29件，而最少的第三群10座墓葬共有随葬品64件，平均每座墓葬只在6.4件，两群之间相差4.5倍之多。等级较低的王因墓地可以分为四区，最多的中区696座墓葬使用了2077件随葬品，平均每墓2.98件，而最少的南区，43座墓葬只有30件随葬品，每座墓葬的平均数只有0.7件，与中区之间相差4.3倍。由大汶口和王因的情况可以看出，无论是等级较高还是较低的聚落，其内部代表着一定社会组织的单位之间的差别和分化是同步发展的。三是墓地与墓地之间的差距也明显凸现出来，并且随着时间的推移而不断加剧。如等级最高的大汶口墓地，平均每座墓葬的随葬品数量是14.6件，而等级较低的王因墓地，这一数字则为1.76件，两者相差8倍。所以，如果说北辛文化时期的社会分化只是十分缓慢的发展，那么，到了大汶口文化早期阶段，则是海岱地区社会分化加速的起步阶段。

（三）大汶口文化中期阶段

大汶口文化中期阶段是海岱地区全面加速发展的时期。从墓葬和聚落两个方面来看，出现了一批堪称小区域中心的聚落遗址，如汶河流域的大汶口、泗河流域的野店、苏北西部的花厅、鲁北中西部的焦家等。这些遗址的共同特点是：一是聚落遗址的面积明显较大。如大汶口遗址，面积达82万平方米，野店遗址为56万平方米，花厅遗址也有50万平方米；二是从墓葬反映的富裕程度较高。大汶口、野店、花厅墓地的整体富裕程度明显高于其他遗址，与其他中下层遗址之间的差别较之早期阶段进一步加大。如野店此期墓葬随葬品的平均数为33.1件，而五村和前埠下两遗址分别只有0.8件和3.3件，他们之间的差别在10倍以上，明显高于早期阶段。三是关于埋葬方面的礼制开始萌芽。如中心遗址中的大型墓葬开始使用棺、椁，随葬品中也出现了可以称为礼器的器具

等。所以，综合起来分析，可以认为社会分层现象在这一时期已经开始（可能在此前的早期阶段个别地区业已开始，如大汶口地区），至少在一些先行发达起来的小区域中（如前述的大汶口、野店、花厅等所在的小区）出现了三层结构的聚落形态，代表着社会结构由平等社会向分层社会的过渡和发展。

（四）大汶口文化晚期阶段

大汶口文化晚期阶段是海岱地区史前社会的重要转折时期。从宏观上看，前一阶段开始出现的区域中心聚落，这一阶段在海岱地区内部进一步发展、壮大和扩展。如中期阶段就已经比较发达的大汶口、野店、花厅等区域，这一时期进一步发展，至少从墓葬反映的情况表明社会内部又发生了较大变化。像野店墓地M51、M62这样墓室面积较大、有一椁一棺和大量精美随葬品的墓葬，远远超过了中期阶段的同类墓葬，大汶口墓地的情况也是一样。而在原本社会分化不甚清楚的地区，如鲁东南沿海一带，这一时期也出现了与上述地区相同的景象，陵阳河墓地的发现就是其中一个显著的代表。从墓葬方面看，墓地之间和墓葬之间的分化进一步加剧，社会组织内部显现出来的社会结构普遍发生了重要变化。如鲁东南的莒县盆地，中心聚落陵阳河和二级聚落大朱村、杭头的墓葬之间，就存在着明显的差别。同时，在各自的聚落内部，墓地与墓地之间、墓葬与墓葬之间，也存在相当大的差别，这种差别的形成，应该是社会分层和阶级分化的结果。此外，埋葬方面所体现的礼制萌芽继续发展，礼器的使用逐渐地向社会上层集中。如墓室面积的差异、棺椁的使用、贵重礼乐器具的随葬等，无不呈现出巨大的反差。这种反差，也是随着社会的发展，为了适应已经改变了的社会关系，避免在无休止的动乱中共同消亡，首先由社会上层成员创造出来一套限制人们行为的规范，即礼制。礼制应该体现在社会的各个方面，我们从考古学上比较容易观察到的多是墓葬资料。从聚落形态上看，大中小三级金字塔状结构的聚落形态在这一时期成为比较普遍的现象，如莒县盆地发现的40余处大汶口文化晚期遗址，明显地呈现大中小三级的金字塔形聚落结构，中心聚落只有陵阳河一处，而二级聚落则有大朱村等五六处，其余的均为处于金字塔最下部的小聚落。这种情形与墓葬所反映的社会结构是完全一致的。

（五）龙山文化时期

龙山文化时期可以说是海岱地区史前文化发展的巅峰时期。这一时期在考古学上最重要的现象就是城址的普遍出现。据目前的发现，可以完全确认的城址有近十处，而有城址线索的则多达二十余处。在中国的古代文献中，曾把中国早期社会划分为"大同"和"小康"两个阶段，而进入"小康"社会的第一条标准就是"城廓沟池以为固"，即用于战争防御工程的城池的出现。其实，分析目前的考古发现，城址的产生可以上溯到大汶口文化晚期阶段，甚至更早，这在中原地区和江汉地区已经发现了确凿的证据。从墓葬方面来看，龙山文化时期的海岱地区，聚落之间、同一聚落内部的墓地之间，相互差别又有较大发展。这一时期，出现了像西朱封、尹家城那样高规格的墓葬，即墓室宏大、使用重椁一棺、随葬有成套的礼乐器的大型墓葬，这种规格的墓葬，应该是当时社会上层中的最高统治者，即王或其近亲的墓葬。而在同一聚落内，墓葬之间的差别极为悬殊，如尹家城墓地内的65座墓葬，依墓室面积、棺椁的多少和有无、随葬品的数量与质量等因素，可以划分为五个甚至更多的等级。这种现象足以显示当时的社会结构方面的变化。而不同的聚落之间，这种差别也毫不逊色。如尹家城、三里河、呈子遗址的墓葬，就应该代表了三种不同等级的聚落。

综上所述，我们认为海岱地区墓葬所反映出来的社会分化，肇始于北辛文化时期，大汶口文化早期后段和中期阶段加速，大汶口文化晚期产生了质的变化，龙山文化时期则进一步发展。据此，可以认为后李文化、北辛文化至大汶口文化早期前段的社会，基本上属于平等社会时期，大汶口文化早期后段至中期阶段，为由平等社会向分层社会发展的过渡时期，而大汶口文化晚期到龙山文化，则进入了分层社会时期，相当一部分地区已诞生了早期国家。

（原载《日本列岛祭祀的起源——日本国学院大学国际学术会议论文集》，日本国学院大学，2005年）

注释：

[1] 山东省文物管理处、济南市博物馆：《大汶口——新石器时代墓葬发掘报告》，文物出版社，1974年。

[2] 山东省博物馆、山东省文物考古研究所：《邹县野店》，文物出版社，1985年。

[3] 昌潍地区文物管理组、诸城县博物馆：《山东诸城呈子遗址发掘报告》，《考古学报》1980年第3期。

[4] 山东省文物考古研究所、枣庄市文化局：《枣庄建新——新石器时代遗址发掘报告》，科学出版社，1996年。

[5] 中国社会科学院考古研究所山东工作队：《山东临朐朱封龙山文化墓葬》，《考古》1990年第7期。

[6] 山东大学历史系考古专业教研室：《泗水尹家城》，文物出版社，1990年。

[7] 最近几年，我们在三峡发掘战国时期的巴人墓葬，有时候完全找不到葬具的木质灰痕，所划椁线和棺线，完全是凭对土质土色的辨认和感觉，以至有不少人对其产生怀疑。后来发掘到一座因特殊原因而保存下来的较为完好的有木椁和木棺的墓葬，证实了前面发掘时所划的椁线和棺线是基本正确的。

[8] 山东省文物考古研究所：《大汶口续集——大汶口遗址第二、三次发掘报告》，科学出版社，1997年。

[9] 山东省文物管理处、济南市博物馆：《大汶口——新石器时代墓葬发掘报告》，文物出版社，1974年。

[10] 王树明：《陵阳河墓地刍议》，《史前研究》1987年第3期。

[11] 昌潍地区文物管理组、诸城县博物馆：《山东诸城呈子遗址发掘报告》，《考古学报》1980年第3期。

[12] 山东省文物考古研究所、临朐县文物保护管理所：《山东临朐县史前遗址普查简报》，《海岱考古（第一辑）》，山东大学出版社，1989年。罍在龙山文化中数量甚少，其制作十分精致，一般认为是比较少见的礼仪用器。

[13] 中国社会科学院考古研究所山东工作队：《山东临朐朱封龙山文化墓葬》，《考古》1990年第7期。

济南市章丘区焦家新石器时代遗址

山东大学考古学与博物馆学系　济南市章丘区城子崖遗址博物馆

焦家遗址位于济南市章丘区西北20公里处，主要分布于焦家、苏官、董家和河阳店等村庄之间的农田区域，南距著名的龙山和岳石文化遗址——城子崖仅约5公里。从地貌情况来看，它地处泰沂山系北侧的山前平原地带，遗址中部略隆起，以西400~500米处有巨野河自东南向西北流过（图一）。通过对遗址周边进行考古调查，并结合自然断面的堆积情况，判断遗址总面积超过100万平方米。焦家遗址延续时间较长，主要遗存属大汶口文化中晚期阶段，下限为汉代。

该遗址在1987年考古调查时发现，20世纪90年代进行了一些调查和试掘工作[1]。2016年至2017年春、夏，为了解该聚落的布局、结构和内涵等问题，山东大学历史文化学院考古学与博物馆学系结合学生考古实习，对遗址进行了系统的调查、勘探和发掘工作。以贯穿遗址东西的道路为界，发掘区分为南、北两区，两区间隔65米。南区发掘面积1177平方米，北区发掘面积940平方米，合计发掘2117平方米，发现了丰富的大汶口文化中晚期遗存，包括1周夯土墙和壕沟、215座墓葬（图二至图四）、116座房址和1座陶窑等。另外，在发现的974座灰坑中，大部分属于大汶口文化，有少量属于龙山文化、岳石文化和汉代。

图一　焦家遗址发掘区外景

一、地层堆积

发掘区南区和北区的地层堆积情况基本一致，共分8层，除了第4层的分布范围较小外，其他地层都布满整个发掘区，且大都呈水平状分布。下面以C3T1907西壁剖面为例，介绍发掘区的地层堆积情况（图五）。

第1层：现代耕土层。灰黑色土，土质疏松，厚0.08~0.13米。包含少量陶片、植物根茎和现代生活垃圾等。

第2层：近现代层。黄褐色土，土质较疏松，厚0.37~0.44米。包含陶片、石块、蚌壳、红烧土、炭屑、料礓石、植物根茎和瓷片等。

第3层：可分为两个亚层。第3a层为深黄褐色土，土质较疏松，厚0.2~0.3米。第3b层除了土质稍硬、结构相对致密外，土色及包含物与第3a层基本一致，厚0.1~0.23米；包含的汉代、大汶口文化陶片及兽骨、红烧土等较3a层要多。第3a和3b层均为汉代文化层。

第4层：褐色偏黄色土，结构较疏松，厚0.05~0.1米。包含陶片、石块、兽骨、红烧土和炭屑等。此层为龙山文化层。

第5层：深黄褐色土，土色偏黑，结构相对疏松，厚0.25~0.35米。包含大量陶片、蚌壳、兽骨和红烧土等。此层为大汶口文化层，叠压于该层下的遗迹有M19、M23等较多墓葬和少量灰坑。

第6层：偏黑色土，土质较致密，厚0.4~0.55米。包含较多陶片、兽骨、蚌壳等，并出土少量玉器和大块陶片。此层为大汶口文化层，叠压于该层下的遗迹有少量房址、柱坑和灰坑等。

第7层：黄褐色土，土质致密，厚0.3~0.38米。包含陶片、红烧土和炭屑等。为大汶口文化层，该层下发现遗迹极少，仅见少量坑状堆积等。

第8层：浅黄褐色土，土质致密而纯净，厚0.15~0.2

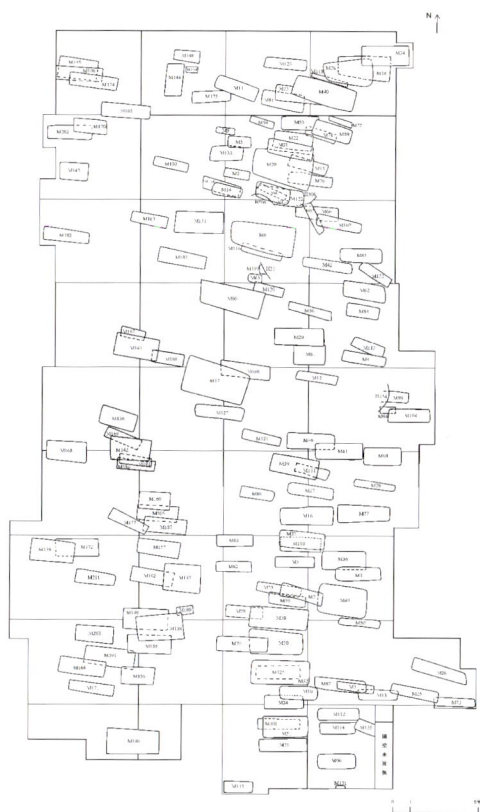

图二　北区墓葬总平面图

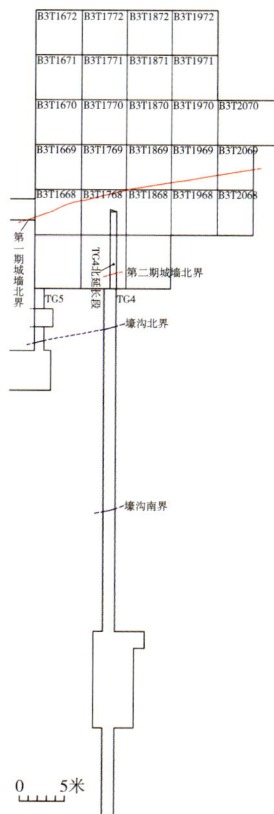

图三　南区探方及夯土墙、壕沟平面图

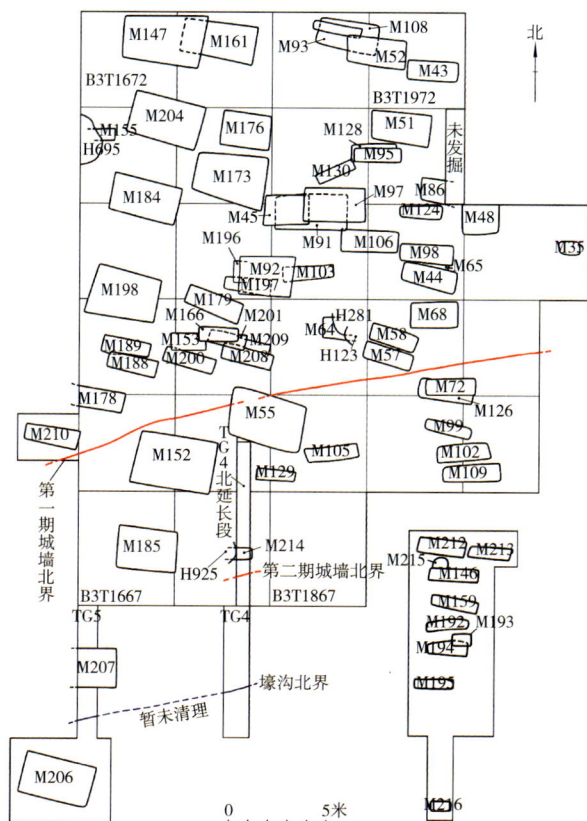

图四　南区探方及墓葬分布总平面图

米。包含料礓石等，未见陶片、兽骨等文化遗物。关于该层的时代和成因，还需要今后进一步工作加以确认。

第8层以下为浅黄色生土。

二、聚落演变与典型遗迹

从聚落演变的角度考察南、北两个发掘区，可以看出大汶口文化遗存阶段性特征非常明显，从早到晚都经历了早期居住址、墓地、晚期居住址三个大的发展阶段。下面按照时代早晚分阶段介绍发掘情况。

（一）早期居住址

共发现房址47座，多为半地穴式，也有少量的单间基槽式房屋。面积5～15平方米，门道方向不固定，房屋在空间上有分群分组的现象。根据遗物以及遗迹之间的打破关系等判断，早期居住址的房屋可以分为早晚两段（图六）。

F94位于C3T1707的西北部。叠压于第6层下，被M172打破。半地穴式房屋，圆角方形，边长2.9米，面积约为8.4平方米。门道向北，发现保存较好的活动面，其上有灶，地面上发现骨笄、骨镞、骨匕等遗物（图七）。

（二）墓地

共发现墓葬215座。墓葬成排成列分布的特点较为明显。墓葬形制均为土坑竖穴墓，综合墓葬规模、葬具、随葬品等情况进行分析，可以划分为大、中、小型墓葬，表现出明显的社会分化[2]。根据随葬品形制推断，大部分墓葬的时代在大汶口文化中期晚段到晚期早段，只有少数墓葬可能延续到晚期晚段。

1.大型墓葬共发现20多座，其中有5座存在"毁墓"现象，它们均位于北区，其余大墓集中分布于南区（图八）。大型墓葬多有重椁一棺或一椁一棺，依据面积与深度可分为两类。A类大墓的墓圹面积大；B类大墓虽然墓圹面积相对较

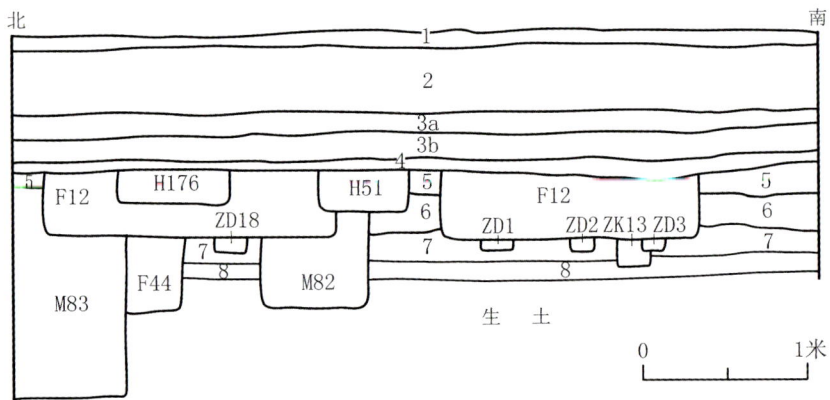

图五　C3T1907 西壁剖面图

图七　F94

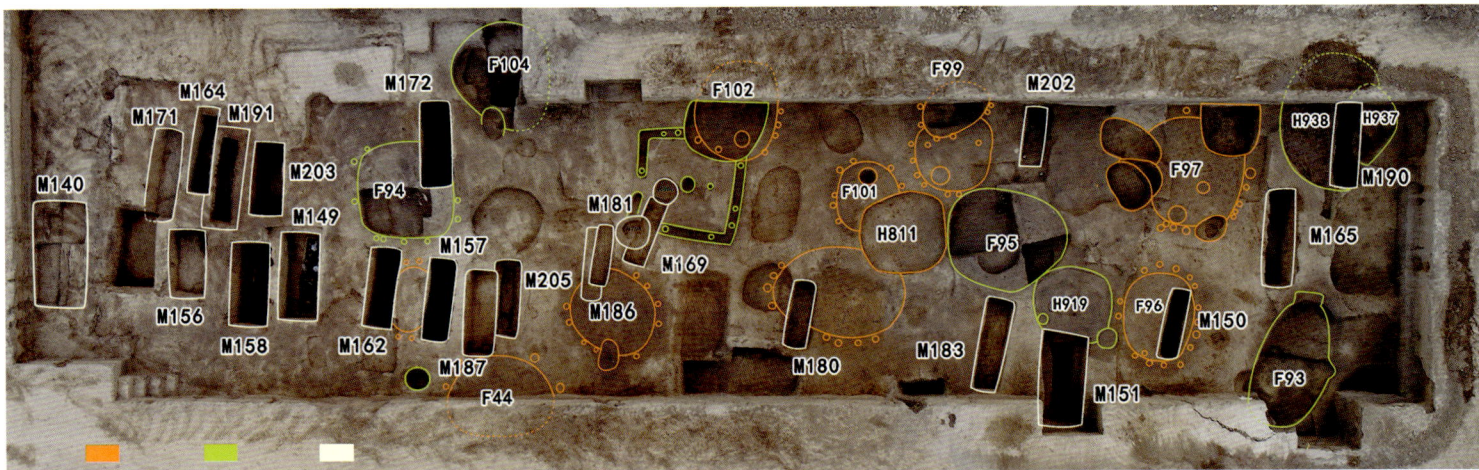

图六　2017 年北区早期居住址局部

图八　南区大型墓葬分布

小，但深度较深，在3米左右。大墓随葬品数量最多的可达70件，常见玉钺、玉镯、骨雕筒、陶高柄杯、白陶鬶、白陶背壶、白陶杯和彩陶等。

M152位于B3T1668东部，延伸至B3T1768内。叠压于第5层下。方向为98度。土坑竖穴墓，墓口长4.4、宽2.7～2.9米，面积约12平方米（图九；图一〇）。葬具为两椁一棺，填土有夯打迹象。墓主为老年男性，仰身直肢。出土39件随葬品，其中棺内墓主身边器物多为玉器，包括耳饰、指环、臂钏、钺和刀（图一一；图一二），另有龟甲器、蚌片、骨梳、骨雕筒等随葬品。陶器27件，多位于棺椁之间或内外椁之间，有陶鼎、背壶、豆、高足杯等，其中有少量彩绘陶器（图一三）。

M184位于B3T1671东南部，延伸至B3T1670和B3T1771

图一〇 大型墓葬 M152

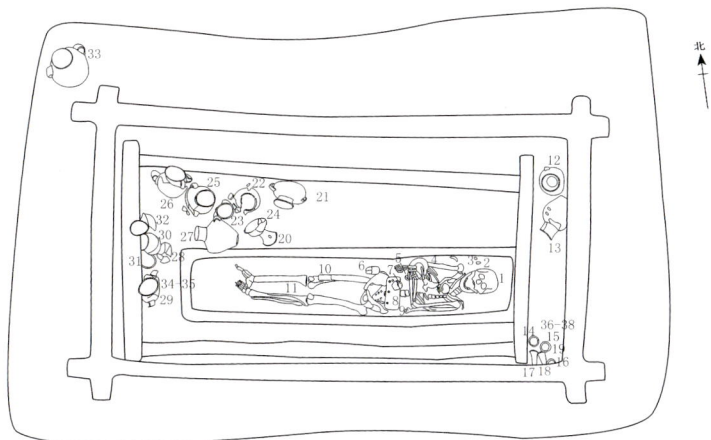

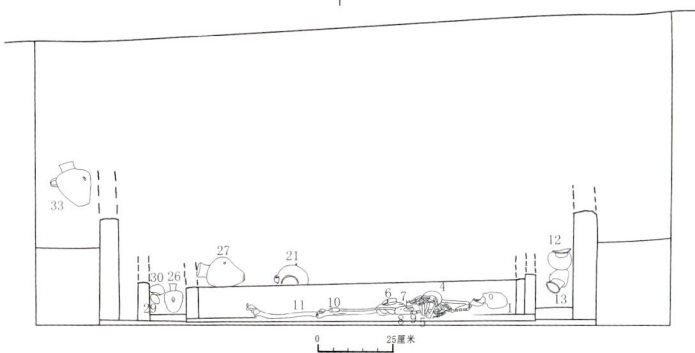

图九 M152平剖面图

1. 骨梳　2. 绿松石耳饰　3、7. 蚌片　4. 玉臂钏　5. 玉指环
6、11. 龟甲器　8. 玉刀　9. 玉钺　10. 骨雕筒
12、21、26、29、32、33. 背壶　13、27. 彩绘陶背壶
14—19、36—38. 高足杯　20、34. 陶豆
22、23、25、30. 陶罐　24、35. 陶鼎　28. 陶器盖　34. 陶豆

图一一 玉臂钏（M152：4）

图一二 玉钺（M152：9）

图一三 M152出土陶器

图一四　大型墓葬 M184

图一五　M184 玉钺带柄痕迹

图一六　大型墓葬 M57

内。叠压于第5层下。方向102度。土坑竖穴墓，墓口长3.8、宽2.1米，面积约7.98平方米。葬具为一椁一棺（图一四）。出土18件随葬品，其中陶器10件，多位于棺椁之间，器形有壶、背壶和罐等。玉器共发现4件，皆位于棺内，包括2件钺，其中1件长21.6厘米，是该遗址目前所见最大的玉钺，钺柄痕可见（图一五）；还有玉镯和指环各1件。此外，还出土龟甲器等。

M57位于B3T1969西部。叠压于第5层下。方向108度。土坑竖穴墓，墓口长2.5、宽0.9、现存深度2.85米，面积2.25平方米，葬具为一椁一棺（图一六；图一七）。出土49件随葬品，其中27件陶器堆放于棺椁之间和二层台位置，有鼎、背壶、豆、杯、鬶等，彩绘陶器最具特色（图一八至图二〇）。其他随葬品如钺、臂钏、指环等玉器多随身佩戴（图二一至图二五）。

在南区大型墓葬附近还集中分布有20多座祭祀坑。坑内

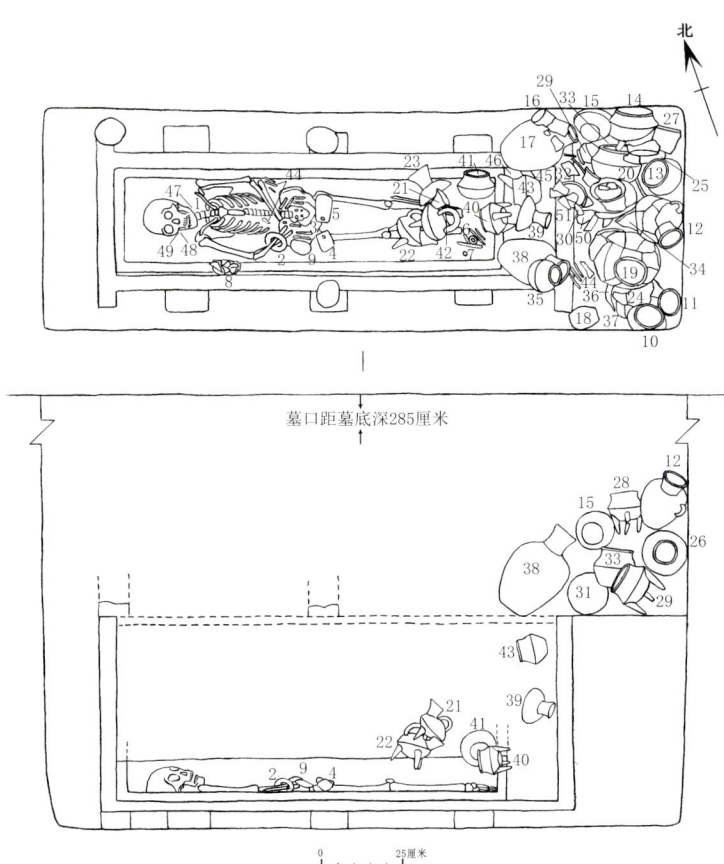

图一七　大型墓葬 M57 平剖面图

1、47. 玉管饰　2. 玉臂钏　4、5. 玉钺　3、6. 玉指环
7. 骨指环　8、25、50. 陶壶　9. 蚌器　10. 陶单耳罐
11、12、17、19、36、38、51. 陶背壶
13、15、26、27、33、35、41、43. 陶罐
14、20、24、28、29、40、42. 陶鼎　16、18、37. 陶单耳杯
21、22. 陶鬶　23、31、32、34、39. 陶豆　30、45. 石锛
44. 猪骨　46. 半月形石器　48. 玉坠　49. 绿松石坠

图一八 陶鼎（M57：40）　　图一九 陶鬶（M57：22）　　图二○ 陶豆（M57：23）　　图二一 玉臂钏（M57：2）

图二二 玉指环（M57：6）　　图二三 玉指环（M57：3）　　图二四 玉管饰（M57：1）　　图二五 绿松石坠（M57：49）

或是堆满打碎的陶器，器形多见鼎、罐、壶等；或是埋葬整只狗、鹰等动物。

H826位于B3T1769西南部，部分延伸至B3T1669。平面为椭圆形，斜直壁，长径1.7、短径1.2、深约0.6米。坑内的三层堆积主要由有意打碎的陶片组成。第1层均匀分布着较完整器物如白陶杯、白陶背壶、大口尊、罐等，另见少量兽骨和红烧土块（图二六）。第2层陶片虽不完整但仍能大致分辨出基本器形，有大口尊、罐、杯、鼎等（图二七）。第3层为均匀铺垫的一层碎陶片，基本无法辨别器形。此类灰坑内应不是日常生活的废弃堆积，因其紧邻大型墓葬，可能是针对大型墓葬的祭祀坑。

2.中型墓葬数量较多，如果以一棺作为该类墓葬的标志特征，共发现113座。在墓主头端和脚端放置陶鼎、罐、杯等，随身佩戴小件的玉石和蚌类装饰品。

M127位于C3T1809和C3T1909中部。叠压于第6层下。方向95度。土坑竖穴墓，墓口长约2.85、宽0.7～0.75米，面积约2.1平方米。葬具为一棺，单人仰身直肢葬（图二八；图二九）。出土28件随葬品，其中陶器23件，主要为罐和鼎，也见有豆和壶；玉器4件，都是管、坠等小件装饰品；另有1件石锛。

M186位于C3T1708和C3T1808中北部。叠压于第6层下。方向93度。土坑竖穴墓，墓口长约2.6、宽0.65～0.75米，面积约1.82平方米。葬具为一棺，单人仰身直肢葬。随葬品分为装饰品、陶器两大类。装饰品有贝耳饰、玉颈饰和腕饰等。蚌器放置在下腹部正中位置，陶器如鼎和罐等放置在脚端（图三○）。

3.小型墓葬规模较小，多无葬具，无随葬品或仅见少量陶器、骨器和蚌器等。从大汶口文化中期到晚期，墓葬分化

图二六　南区陶器祭祀坑 H826
第 1 层

图二七　南区陶器祭祀坑 H826
第 2 层

图二九　中型墓葬 M127

图三〇　中型墓葬 M186

表现出不断加剧的趋势。

M5 位于 C3T1912 西北部。叠压于第 5 层下。土坑竖穴墓，墓口长 1.35、宽 0.68 米，面积约 0.9 平方米。无葬具，为侧卧屈肢葬，墓主双手掩面，葬式较为特殊。随葬品数量很少，只在墓主右侧盆骨上发现半块猪下颌骨，脚端发现一块猪牙（图三一）。

（三）晚期居住址

共发现房址 69 座。这一期房屋具有较为清楚的阶段性特征，可分为早、中、晚三段。早段的房屋都为单间，结构为基槽式的地面建筑，门向略偏西北；中段为基槽式的东西向两间或三间的地面式排房；晚段为柱坑套柱洞式的地面建

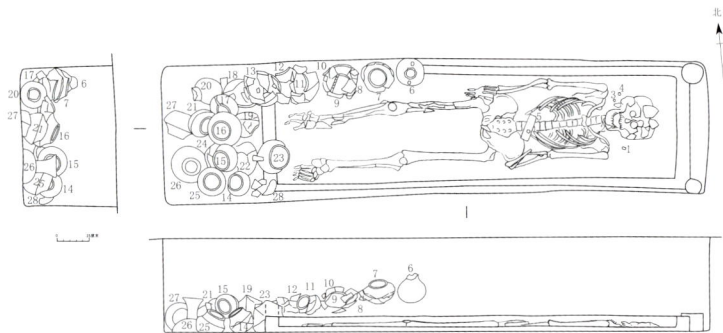

图二八　M127 平剖面图

1、2. 玉管饰　3. 玉坠　4. 玉珠饰　5. 石锛　6、20、28. 陶壶
7、11、15、16、21、22、24、25、27. 陶鼎
8—10、12—14、17—19、23、29. 陶罐　26. 陶豆

筑，多是东西向两间或三间的排房（图三二）。

F67 位于 C3T1706。叠压于第 3b 层下，为基槽式地面建筑，东西向三连间排房，门道向南，东西总长约 7.8、南北总宽约 3.4 米；东间的使用面积约 4.68 平方米，中间的使用面积约 6.16 平方米，西间的使用面积约 5.88 平方米（图三三）。

三、夯土墙、壕沟的发掘与勘探

2016 年在发掘区南部发现了夯土墙和外侧壕沟的迹象，但受发掘面积局限，对其整体情况缺乏深入了解。2017 年在发掘区南端布设了南北长约 50 米的探沟，重点对夯土墙和壕沟进行解剖，考察其结构和堆积过程等（图三四；图三五）。同时，根据发掘区内的夯土墙和壕沟分布情况，重点对壕沟进行追踪勘探，目前已经基本探明壕沟的走向和分布范围（见图三）。夯土墙目前只对发掘区内的范围进行了解剖，发掘区外的准确范围还有待今后勘探工作的进一步开展。夯土墙和壕沟在发掘区内的分布范围参见图三和图四。

夯土墙叠压于第 6 层下。从夯层的土质、土色、结构和走向等判断，夯土墙的建造可以分为两期。

第一期夯土墙顶部残宽 6.8、底部残宽 11.6、残高 0.3—0.6 米。主要由黄褐色粉砂土筑成，土质细密较硬，包含物极少。平地起夯，局部见明显的版筑痕迹。夯层较平，多数夯层的厚度为 0.06～0.12 米，少数夯层厚 0.24～0.36 米。在夯层之间发现一座墓葬 M214（图三六），墓葬西部被一灰坑打破，墓圹不明显，填土的质地与夯土墙体接近，非常坚硬。

图三一　小型墓葬 M5

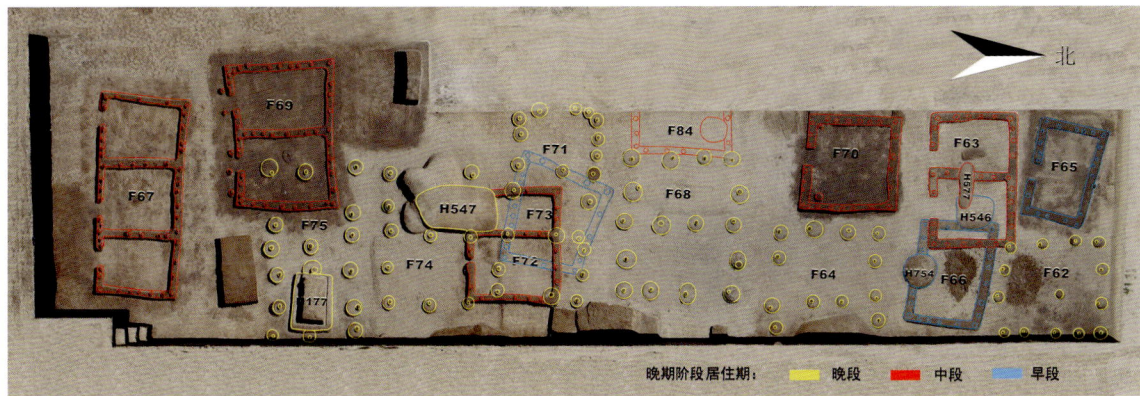

图三二　北区晚期居住址局部平面图

图三三　F67

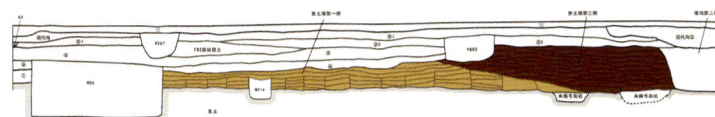

图三四　夯土墙剖面图

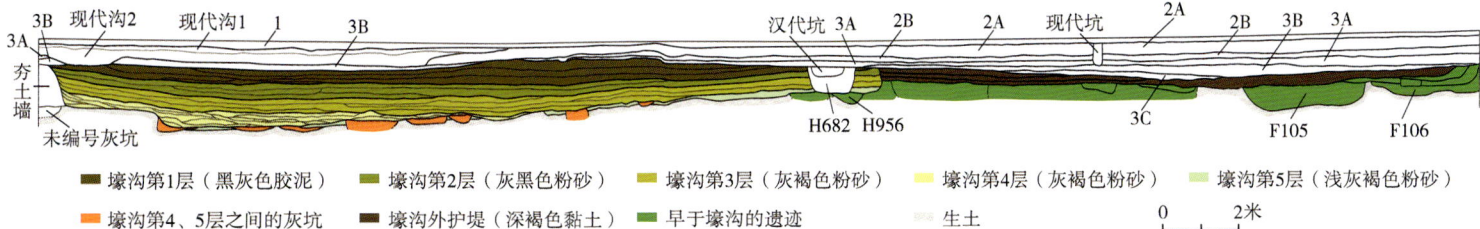

图三五　壕沟剖面图

图三六　M214

墓主为未成年人，头向东，仰身直肢，在其耳部位置发现两件玉耳饰。因位于夯层中，推测此墓是夯土墙建造过程中奠基或祭祀行为的遗留。

第二期应属于夯土墙的增筑部分，顶部残宽约4.4、底部残宽约6.4、残高约1.14米。土色与第一期夯土墙有较大区别，与外侧壕沟填土的土色较为接近，为深灰色粉砂土，但土质坚硬致密。夯层北高南低，夯层厚度为0.12~0.2米，没有发现版筑现象。

壕沟位于夯土墙外侧，在发掘区内壕沟和夯土墙的开口高度相比基本持平或略低，这说明夯土墙在废弃之后曾遭到较为严重的破坏，使用时的高度已经完全不存。越向北夯土墙遭到破坏和扰动的迹象越为严重，这一现象值得进一步关注。

壕沟现存宽25~30、深1.5~2米。壕沟内的堆积可以分为五大层。第1层为深黑灰色黏土，包含少量陶片、红烧土粒和碎骨、蚌壳等，陶片磨圆度低。第2层为深灰褐色粉砂质黏土，包含物较少。第3层为灰褐色粉砂土，包含少量陶片和红烧土。第4层整体呈浅褐色，结构稍疏松，局部包含较多陶片和红烧土碎块；该层下叠压11个灰坑。以上四大层都由土色相近的若干小层构成，堆积形状皆为南北两端上翘、中部平缓的近凹镜状。第5层为灰色粉砂土，夹杂有少量灰白色土块，土质细密稍软，分布于沟底，呈南高北低的坡状，此层除发现少量完整陶器外，其他包含物很少；该层下发现少量灰坑。

为了探明壕沟的走向和范围而进行的勘探工作显示，壕沟平面形状近椭圆形，外围东西长425～435、南北宽250～360米，总面积约12.25万平方米。壕沟的东北角有近80米宽的缺口，在缺口以北约80米处，还有东西向长约300米的壕沟遗留。

四、结语

大汶口文化具有较为充分的文化谱系研究基础[3]，加上以尉迟寺、建新聚落，以及大汶口、花厅和陵阳河等墓地为代表的考古资料极其丰富，一直是进行聚落和社会关系分析的重要内容。它前后延续近1500年，代表了中国东部地区文明化进程中从相对平等社会向分层社会的演进，经历了中心聚落产生、社会分化加剧等关键时期。但近些年来，关于大汶口文化特别是鲁北地区该时段的研究相对沉寂，焦家遗址的考古工作在一定程度上是对之前工作的极大促进和补充。

（一）焦家遗址的性质与年代

夯土墙、环绕夯土墙的壕沟和一大批高等级墓葬，加之大批量的高等级器物如玉器、白陶和彩陶的发现，显示出在大汶口文化中晚期阶段，焦家遗址是鲁北古济水流域具有政治、经济和文化中心意义的都邑性聚落。对它的系统解读，对于完整认识大汶口文化的文化内涵、区域联系和社会性质具有重要意义。

从墓葬随葬品组合和器物形制来看，如折腹鼎、背壶、豆和各类杯等陶器，都显示出其与附近的傅家遗址[4]等基本同时，也与鲁南地区的大汶口遗址[5]等年代相当，并有着紧密的文化共性和联系。

从发掘的地层关系来看，大汶口文化晚期大型墓葬直接打破夯土墙。一些大汶口文化中期偏晚的大型墓葬相对年代也晚于夯土墙。因此，夯土墙的年代不会晚于大汶口中期偏晚。目前，已经对焦家遗址出土的7具人骨进行了碳十四年代测定，校正后的年代数据为公元前2933～前2872年、公元前

2911～前2861年和公元前2631～前2474年等。结合墓葬和夯土墙的层位关系，推测焦家大汶口城址的始建年代应该为距今5000年左右。种种迹象表明，焦家遗址应是目前海岱地区发现的年代最早的城址。

（二）焦家遗址的区域地位、聚落的布局和演变

在焦家遗址所在的区域，既有距今8000年前后的西河、小荆山等后李文化遗址，也有距今7000～5500年的张官、董东等北辛文化和大汶口文化早期遗址。到大汶口文化中晚期至岳石文化时期，遗址的数量成倍增长，遗址之间的等级分化日趋严重。焦家遗址正处于这样一个古代文化底蕴极其深厚的核心区域。在地理位置上，焦家遗址距离著名的龙山文化和岳石文化城址——城子崖遗址只有5公里。从大汶口文化到龙山、岳石文化，这一文化区的中心聚落如何发生了从焦家到城子崖的转移，这为今后进一步考察区域聚落形态变迁提供了理想案例。

从发掘区显示的聚落功能来看，经过了比较清晰的居住期—埋葬期—居住期的聚落变迁。对聚落单元共时性在田野工作阶段的把握，为今后在更大空间内分析聚落布局奠定了坚实基础。虽然目前发掘面积有限，但是已经显现出明显的居葬分离的聚落格局，居住区内房屋成排或成组分布，埋葬区内墓葬成排成列分布。大型墓葬已经在相对独立的区域内成排埋葬。整个聚落的布局显示出极强的空间规划能力。

（三）系统而丰富的大汶口文化中晚期埋葬和祭祀资料

所发现的215座大汶口文化中晚期墓葬资料内涵丰富。从社会分层来看，大型、中型和小型墓葬俱有，随葬品中陶器和玉器等并重。20多座棺椁俱全的大型墓葬材料为考察当时社会上层的身份象征和礼仪制度等提供了第一手材料。从葬具角度来看，焦家遗址具有高达62.8%的葬具使用率，这在全国同时期的其他墓地中是极为少见的。另外，在南区大墓附近还发现了集中分布的十几座祭祀坑，应与大型墓葬有密切关系。坑内或是堆满打碎的陶器，或是埋葬整只的狗、猪、鹰等，这类现象在其他地区较为少见。在北区还发现少量大型墓葬在大汶口文化时期就被毁坏的现象。除此之外，成年男女合葬、同性合葬、拔牙、手握獐牙，以及随葬大量玉器、白陶、彩陶、彩绘陶、贝类和龟甲器等诸多现象，极

大丰富了对大汶口文化葬俗的认识。

（四）房址、居住形态和社会组织结构研究

两次发掘共发现116座大汶口文化房址，从分期上看，晚期居住址的房址多为地面式，早期居住址的房址多为半地穴式。每期同时存在的房址在空间分布上较有规律，成列或成群分布的特征明显。房址的分布、面积、结构、活动面，以及提取到的多学科信息等，是探讨社会组织结构和社会关系的理想材料，也填补了鲁中北地区大汶口文化中晚期居住形态研究的诸多空白。

（五）获得一批系统的玉器、彩绘陶、彩陶和白陶等重要遗物

在发现的215座墓葬中，有104座（占墓葬总数的48.4%）随葬有数量不等的玉器。玉器可分为礼器和装饰品两大类。礼器多见钺，有极少量刀。装饰品则多见镯、指环、环、串饰和耳坠等。焦家遗址应代表了黄河流域一处极为重要的用玉中心。另外，彩绘陶和白陶也极具特色。对器物群和特殊器类的考察，可以提供人群扩散、区域互动和文明初始时期的文化碰撞等丰富信息。

焦家遗址的考古发掘秉承聚落考古和多学科合作的理念，为更深入探讨聚落变迁和聚落功能分区等问题，采取了开放式的发掘方法。在2000多平方米的发掘范围内，获取了包括夯土墙、壕沟、房址、墓葬、祭祀坑、灰坑、窑址、玉器、陶器在内的系统材料。除此之外，发掘过程中通过筛选和水洗浮选等方法，收集了大量的各种自然遗物标本，系统采集土样进行检测和分析，开展环境、地貌、土壤、水文等专题调研，为全面研究当时的聚落与社会、生态环境、生业结构、人地关系等奠定了坚实基础。

长期、系统地开展焦家遗址的聚落考古和多学科综合研究，对于探讨海岱地区新石器时代晚期的聚落结构和人地关系、深化中国东部地区的文明起源和形成研究具有重大学术意义。

附记：本考古项目负责人为山东大学王芬，协助发掘负责人为路国权、唐仲明、宋艳波。全程参加工作的技师为陈孔利。章丘区文物保护管理所和城子崖遗址博物馆协助发掘，菏泽市文物考古研究所参与考古探勘，高继习、闵凯等负责遗址周围的调查。先后共有90余名本科生和研究生参与了考古发掘和多学科合作研究。本文所用照片由边荣伟、武昊等拍摄，线图由刘善沂等绘制。山东大学植物考古、动物考古、环境考古、陶器考古、玉器考古、体质人类学、同位素等实验室全程参与发掘和各类样品的取样。在发掘过程中，得到国家文物局、山东省文物局、济南市文物局、章丘区政府、章丘区文广电新闻出版局等单位的大力支持，山东大学栾丰实、济南市政协崔大庸等提供了大量帮助，在此一并表示感谢！

执笔者　路国权　王　芬　唐仲明　宋艳波　田继宝

（原载《考古》2018年第7期）

注释：

[1] 章丘市博物馆：《山东章丘市焦家遗址调查》，《考古》1998年第6期。

[2] 受篇幅所限，大、中、小三种类型的墓葬是整体性划分，未采取分期框架下的表述。

[3] 栾丰实：《大汶口文化的分期和类型》，见《栾丰实考古文集》（一），文物出版社，2017年。

[4] 山东省文物考古研究所、东营市博物馆：《山东广饶县傅家遗址的发掘》，《考古》2002年第9期。

[5] a.山东省文物管理处、济南市博物馆：《大汶口——新石器时代墓葬发掘报告》，文物出版社，1974年。

b.山东省文物考古研究所：《大汶口续集——大汶口遗址第二、三次发掘报告》，科学出版社，1997年。

史前棺椁的产生、发展和棺椁制度的形成

栾丰实

从考古发现可知，使用木质葬具（椁或棺）盛敛死者进行埋葬的现象出现较早，逐渐演变为成熟的棺椁制度，成为当时社会礼制的一个重要组成部分。这种做法与史前时期的社会分层存在着同步发展的迹象。因此，系统地考察史前时期棺椁的产生、发展和棺椁制度的形成，是研究中国古代社会礼制和社会复杂化的重要内容之一。

中国新石器时代的发展，一般被认为经历了四个发展阶段，即距今8500年前的"前裴李岗时代"（或称为新石器时代早期），距今8500～7000年前后的"裴李岗时代"（或称为新石器时代中期），距今7000～5000年的"仰韶时代"（或称为新石器时代晚期），距今5000～4000年的"龙山时代"（或称为铜石并用时代）。如果从社会复杂化进程的阶段性角度来看中国新石器文化的发展，我们发现，从距今6000年前后的仰韶时代中期开始，一些地区的社会内部明显分化，社会发展的速度也显著加快。所以，一般认为，中国史前时期从平等社会向分层社会的发展，大约是从这一时期开始的。无独有偶，墓葬中使用棺椁的现象也始于这一阶段，并不断发展变化。

作为葬具的棺椁，按质地分有石、陶、木等材料。就中国新石器时代而言，石质和陶质的葬具产生较早，并且一直延续到晚近时期。例如石椁或石棺，在属于裴李岗时代的兴隆洼文化就已经产生，分布也不限于一个地区，在海岱地区的北辛文化、龙山文化和北方地区的红山文化、小河沿文化都有发现。但从整体上看，石棺或石椁始终没有成为中国新石器时代葬具的主流，即使是发现较多的东北地区也是如此。同时，石棺或石椁缺乏发展的连续性和系统性，在反映社会等级差别方面相对较弱。

陶质葬具在新石器时代一般被称为"瓮棺"，其产生也可以追溯到裴李岗时代，如在关中地区的老官台文化中就已经出现。后来，随着仰韶文化的发展，这种习俗不仅被延续下来，而且分布区域也明显扩大。除了中原地区以外，周围

的其他地区也有发现。虽然流行瓮棺的区域比较集中，而且基本没有中断地延续到汉代。但是瓮棺主要用于未成年人，不能够全面反映社会内部的层级差异。

木质葬具的出现明显晚于上述两类葬具，而且很可能是受上述两种葬具的影响而产生的。作为葬具来说，三者之间有一定的共性，例如都是活着的人有意识地用它来盛敛死者的尸体，在对待故去亲人的灵魂意识上有共通之处。但它们之间的差别也十分明显。木质葬具产生后，逐渐成为这一领域人们埋葬思想的主流意识，且随着时代的发展而打上了社会分层的烙印，从一个角度体现着社会内部的分化与发展。所以，下文着重分析木质葬具的产生、发展、棺椁制度的形成及其与社会分层的关系。

由于年代久远，加上没有特殊的防腐措施，史前时期的木质葬具极难保存下来。考古发现的木质葬具主要有三种情况：一是有保存较好的木椁或木棺，发掘时这些木质葬具还保存着原状，像凤翔秦公大墓、随县曾侯乙墓等，但史前时期这种情况极少。二是木椁或木棺虽已腐朽，但板灰痕迹尚存，根据板灰的范围，可以勾勒出木椁或木棺的大体形状，这种情况在史前木质葬具中最多。三是连木板灰痕也不存在，但从墓内下部填土的质地、结构、颜色等方面可以加以区分，这种情况应该不在少数。

上述第一、二种情况比较明确，需要讨论的是第三种情况。第三种墓葬有熟土二层台结构，但未见明确的木质灰痕。由于熟土二层台是与木质葬具相匹配的，所以也可以作为曾经存在木质葬具的一种证据。所谓熟土二层台，是墓室内葬具腐朽后遗留下来的一种特殊现象。一般说来，最简单的下葬程序是先在选定的位置挖出一个有一定形状的墓坑（以长方形或近似长方形最为常见），然后将死者置于坑中，最后填土掩埋。如果不使用葬具，把死者直接（或简单包裹）葬于墓坑之内，随即填土掩埋，则人体空间的填土因人体腐朽后可能变得略为松软，质地可能会稍有差异，其他

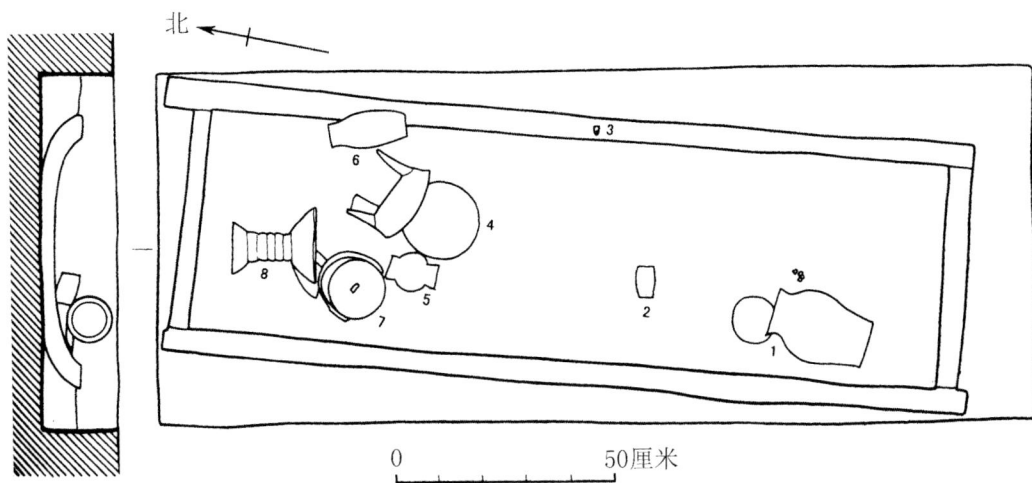

图一　桐乡南河浜 M14 平剖面图

（据《南河浜——崧泽文化遗址发掘报告》，2005，图八四）

部分则基本上看不出差别。如果下葬时把人体安放在相对封闭的木质棺或椁之内，然后填土掩埋，就会在墓室内四周，形成一个以椁或棺的周边木板为壁的直边，从而形成熟土二层台。因此，如果墓内存在熟土二层台，一般可以认为是木质葬具腐朽之后遗留下来的特殊形态，并进一步反证木质葬具的存在[1]。至于一些地区存在的生土二层台，由于形成这种结构的原因与熟土二层台不同，所以，难以确定其原初是否存在木质棺椁。不过，从人们的观念意识层次考虑，也可能与棺椁存在着一定联系。

以下我们按时间早晚来考察木质葬具的产生和发展情况。相当于新石器时代第一阶段的前裴李岗时代，墓葬发现得太少，因此还谈不上对葬具的认识和研究。到裴李岗时代，中国主要地区的考古学文化编年初步确立，墓葬也有相当数量，有的遗址还发现了规模可观的墓地。例如河南舞阳贾湖遗址，发现了349座裴李岗文化墓葬，除一座墓葬有生土二层台之外，均无葬具。这一时期的墓葬仅个别地区有石棺（如北方燕辽地区的兴隆洼文化）和瓮棺（如关中地区的老官台文化），迄今尚未发现木质葬具。所以在这一阶段，木质的棺椁似乎尚未出现。

距今7000年前后，各地陆续进入仰韶时代早期。葬具基本上延续了前一时期的情况。除了太湖地区马家浜文化有个别发现之外，其他地区均未发现木质葬具，例如中原地区的仰韶文化半坡类型、海岱地区的北辛文化、燕辽地区的赵宝沟文化和红山文化早期、江汉地区的汤家岗文化和大溪文化早期等。部分地区的此期墓葬中，发现了一定数量的石棺，如属于北辛文化的江苏灌云大伊山墓地，发现的62座墓葬中，61座有石棺。从这些现象分析，仰韶时代早期出现木质葬具的可能性是存在的，需要在今后的考古发掘中予以注意。

距今6000年前后开始的仰韶时代中期，是各地区木质葬具的产生和初步发展时期。在环太湖地区的崧泽文化、中原地区的仰韶文化中期、海岱地区的大汶口文化早期，或者出现了木质葬具，或者出现木质葬具的线索。属于崧泽文化偏晚阶段的上海青浦崧泽墓地，就发现了两座有木质葬具的墓葬（M33和M46）[2]。不过，从报告描述的情况看，尚不能确定是哪种类型的棺或椁，但使用了木质材料铺盖人的遗体是肯定的。浙江嘉兴南河浜是又一处规模较大的崧泽文化墓地，在这里发现的92座崧泽文化墓葬中，有少量的墓葬使用了独木舟形木棺[3]（图一）。

与崧泽大体同时或略早的大汶口文化，情况则有所不同。属于大汶口文化早期阶段的大汶口遗址早期墓葬中，发现了二层台现象。大汶口遗址的面积达数十万平方米，是一处具有中心性质的遗址。墓葬之间已出现明显的分化，这表明，最初的社会分层已经开始。在大汶口遗址早期墓地中，9座墓葬存在熟土二层台。其中全墓地最大的一座墓葬（M2005），时代为大汶口文化早期最后一个阶段，墓室

图二　大汶口 M2005 平面图
（据《大汶口续集——大汶口遗址第二、三次发掘报告》，1997，图八）

长3.6、宽2.28米，面积8.21平方米。熟土二层台内的空间长2.74、宽1.3、深0.4米，从规模和范围来看，应该是一个椁室的空间。而在其内部，还有一个向下挖出的长方形小框，长2.55、宽0.45~0.55、深0.15米，人体就安放在这一小框之中（图二）。不仅M2005，同一墓地墓室面积较大的M2007，也有一个安放遗体的长方形浅坑。这种规则的长方形浅坑，其形制、大小均与棺室相仿，这种现象即使无法肯定是棺室，也应该与棺的出现有密切关系[4]。所以，大汶口遗址的早期阶段应该已经出现了使用木质的椁或棺的现象，并且这种木质葬具的出现，是与墓地内墓葬的贫富分化联系在一起的。

中原地区仰韶文化中期阶段的木质葬具发现较少，或许与当地流行用陶容器盛敛尸体有关。如在河南中部的汝州洪山庙遗址，就发现了大量以陶容器为棺的墓葬。2005

年在河南灵宝西坡遗址内，发现了22座仰韶文化中期偏晚阶段的墓葬，墓葬的规模可以分为大、中、小型。大型墓长3.05~3.95、宽2.25~3.6米，均未发现木质葬具，但墓葬长边的两侧有生土二层台[5]。

北方燕辽地区的红山文化，发现了不少积石冢，冢内分布着大小不一的墓葬，尚未发现木质棺椁。积石冢内的墓葬普遍存在石棺，以牛河梁第五地点中心大墓（M1）为例，底部中心部位有规整的棺室，长1.98、宽0.55、深0.5米左右，大小与棺室相仿。使用石棺并且在墓内、墓外积石，是燕辽文化区的传统，这种现象一直持续到更晚阶段。到仰韶时代晚期，各地使用木质葬具的现象有所增多，数量也明显增加，并且出现了明确的内外相套的两重葬具，即椁内置棺，习称一椁一棺。木质葬具的发展以东方地区最有代表性。

在环太湖地区，良渚文化发现的墓葬数量较多，在浙江桐乡普安桥遗址，普安桥晚期（相当于良渚文化偏早阶段）发现了19座墓葬，多数有木质葬具，葬具又分为单棺和一棺一椁两种结构。前者墓室面积一般略小，后者较大。如M19，长3.15、宽1.5米，中部有长近2.2、宽0.9米的箱式棺，外围有长2.75、宽1.1米的"井"字形木椁[6]（图三）。这是中国目前所见时代最早的具有双重木质棺椁的墓葬。时代与普安桥相差不远的余杭瑶山墓地，发现了13座墓葬，其中至少4座（M2、M4、M8、M11）有木质葬具或木质葬具的线索[7]。从瑶山墓葬的墓室面积、随葬品的规格和等级等情况分析，我们推测，这些墓葬不仅应该存在木质葬具，一些大型墓还可能有两重木质葬具，如M2、M9等。类似的情况在反山、福泉山等遗址的墓葬中也有发现，但由于种种原因，不及前述遗址清楚[8]。

海岱地区大汶口文化中期阶段，木质葬具的数量明显增多。1959年发掘的大汶口墓地，属于这一阶段的M13、M53、M81、M94、M99、M107、M116等，都发现了明确的木质葬具痕迹[9]。在山东邹城野店遗址，发现了9座大、中型大汶口文化中期墓葬，其中M49的墓室长3.5、宽2.9、深3.9米，面积达10.15平方米，墓室内发现有长3.1、宽2.1米的大型木椁[10]。在山东诸城呈子墓地，发现了12座大汶口文化中期墓葬，有9座使用木椁或木棺，其中M7为5人合葬，每个死者都有单独的木椁[11]。此外，江苏新沂花厅、山东枣庄建新早期等墓地也有使用木质葬具的墓葬。

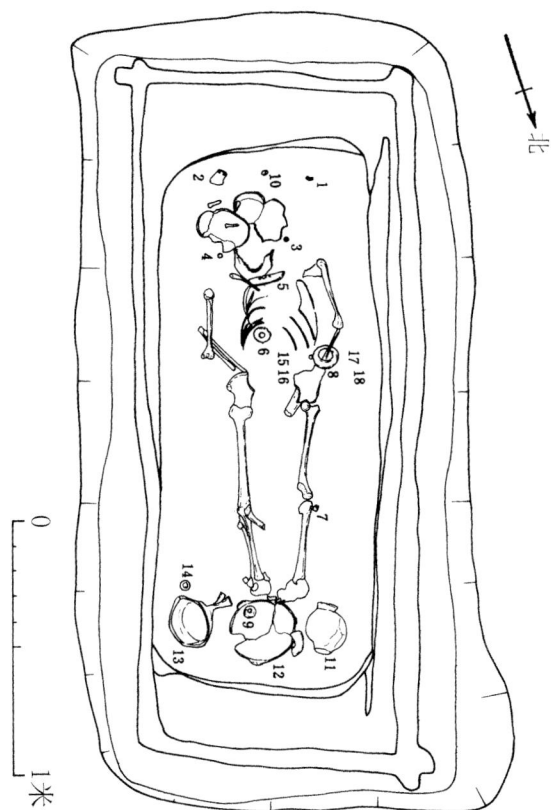

图三　桐乡普安桥 M19 平面图
（据《浙江桐乡普安桥遗址发掘简报》，1998，图一〇）

这一阶段发现的木椁和木棺，形制主要有四种类型：第一种平面呈"井"字形，用略加修整的圆木纵横交错，垒叠而成。第二种平面为"Ⅱ"字形，两侧长边或两端短边出头。这种形制的木椁中，有的可能与第一种是一类，因为木椁或木棺全部腐朽，清理时仅凭灰痕来辨认，不同的层次纵横交叠部位的外伸高度不同，所以，有可能将"井"字形误认作"Ⅱ"字形。第三种平面为长方形，有底有盖，或可称为箱式棺，这是最常见的木棺的形制。第四种平面亦为长方形或近似长方形，上下面则为圆弧形，故有人认为，它可能是舟形独木棺，用一段树干剖开、挖空做成。从葬具的名称上来说，前两种形制应该是椁，第三种是典型的棺，第四种则是一类比较特殊的棺。

龙山时代早期，使用木质棺椁的墓葬进一步增多，就葬具的形制而言，基本上延续了早期的前三种形态，只是葬具结构发生了一些新的变化。这些变化在一定程度上体现了发生分化和分层之后的社会现状。这一时期在棺椁的使用上，

有两个比较大的变化。

一是内棺外椁的两重葬具数量明显增多。在邹城野店遗址，大汶口文化晚期两座最大的墓葬均使用一椁一棺。其中棺椁最清楚的M51，墓室长3.8、宽2.35米，墓室内有长3.15～3.20、宽1.7～1.75米的"井"字形木椁，椁内置长2.2、宽0.78、存高0.3米的长方形箱式木棺（图四）。其他遗址也存在着数量不一的同类墓葬，如大汶口墓地的M10、M25、M60，山东莒县陵阳河墓地的M6、M17等，距离陵阳河遗址很近的莒县杭头遗址，规模最大的M8也有一椁一棺。同样情况也存在于良渚文化中晚期阶段，如浙江余杭汇观山遗址发现的4座良渚文化墓葬中，最大的M4墓室长4.75、宽2.3～2.6米，内有两重葬具[12]。在浙江桐乡新地里

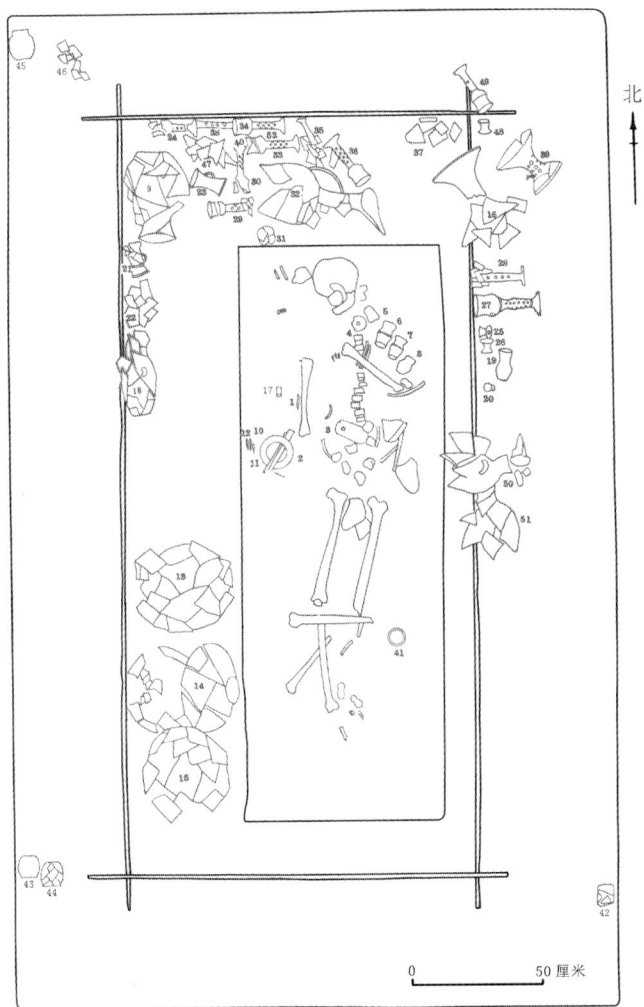

图四　野店 M51 平面图
（据《邹县野店》，1985，图八六）

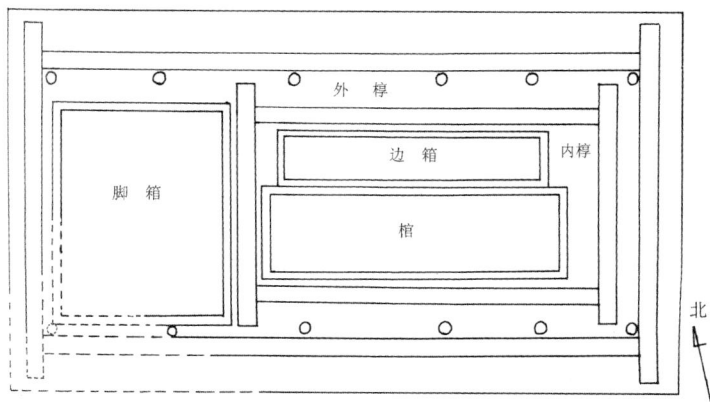

图五　西朱封 M1 棺椁示意图
（据《临朐西朱封龙山文化重椁墓的清理》，1989，图二）

良渚文化遗址，M98长3.28、宽1.65米，发掘者认为，墓内可能存在一椁一棺[13]。

二是棺椁成为身份和地位的标志物之一。我们发现，凡是具有一椁一棺的墓葬，都是那些作为区域中心的最高等级遗址中最大的墓葬，上述所列莫不如此。而使用单层木椁或木棺的墓葬，也是大、中型遗址中较大较富有的墓葬，这种情况绝非偶然。结合墓葬制度中墓室面积大小的分化、随葬品质量和数量的差别，作为丧葬礼制载体之一的棺椁制度，在这一时期开始初步形成。

到距今4600～4000年前后的龙山时代晚期，墓内使用棺椁的现象扩展到了几乎所有地区。原来木质葬具使用情况不甚清楚的中原地区，这一时期在墓地内部也出现明显的等级差别。如山西襄汾陶寺墓地，历年发现的墓葬超过1300座，高炜将其分为大中小三型，并细分为八种，这些差别当是当时社会内部分化的具体表现。其中大型墓葬均有木棺，棺底还铺朱砂，中型墓也有木棺，小型墓则墓室狭小且多无木棺。葬具的使用与墓室面积、随葬品的质量和数量等要素，紧密地联系在一起，折射出陶寺聚落社会内部的层级分化[14]。

棺椁演化清楚并且发展水平最高的仍然是东方的海岱地区。较之大汶口文化晚期，龙山文化时期的棺椁使用又有了较大发展，主要表现在以下两个方面。

一是棺椁的等级进一步提高，开始出现两椁一棺以及在椁内置边箱、脚箱的墓葬（图五）。最高等级的墓葬由此前的二重棺椁发展到三重棺椁。在山东临朐西朱封遗址发现的3座龙山文化时期大型墓葬，其中2座为两椁一棺。例如

M203，墓室长6.3～6.44、宽4.1～4.55米，面积为27.56平方米。内外椁均为"井"字形，外椁长4.65、宽2.75米，内椁长3.85、宽1.6米，棺为长方形，长2.6、宽0.58～0.6米[15]。

二是棺椁的使用趋向于等级化、规范化和制度化。如山东泗水尹家城龙山文化墓地的65座墓葬在棺椁的使用方面，可以分为四个等级。最高一级仅1座（M15），墓室长5.8、宽4.36米，面积25.29平方米，使用两椁一棺。第二级有4座（M4、M126、M134、M138），长度在3.5米以上，面积接近或超过10平方米，使用一椁一棺。第三级为一棺墓，第四级为无棺墓[16]。而诸城呈子龙山文化墓地，虽然在等级上要低许多，但墓地内部也呈现出分明的等级差别[17]。所以我们认为，龙山文化时期不仅社会分化加剧，透过棺椁制度的等级化和规范化可以看出，维系社会秩序的重要工具——礼制正日渐成熟，并且为三代礼制的进一步发展奠定了基础。

综上所述，中国古代丧葬礼仪中的棺椁制度渊源流长。大约在新石器时代后期阶段的仰韶时代中期，首先在东方的海岱地区和环太湖地区出现木质的棺或椁，并且从一开始，棺椁就与社会内部的分化密切联系在一起。仰韶时代晚期，随着社会分层的发展，棺椁的使用范围有所扩大，数量也不断增多，并且发展出内外相套的两重棺椁，即一椁一棺。单层的木棺与其他材质葬具的含义相似，两重棺椁的使用则显然超越了普通的埋葬含义。龙山时代早期，双重棺椁进一步增多，并且趋于规范化。两重棺椁的增多和规范化，是棺椁制度产生的一个标志，换句话说，龙山时代早期是棺椁制度的初步产生时期。龙山文化时期，随着城址的普遍出现和社会分化与分层，棺椁由两重发展到三重，完全成为地位、权力和身份的指示物，这种现象与商周时期严格的棺椁制度已无本质区别。

如果我们把双重棺椁的出现作为棺椁制度的最初形成的标志，那么，环太湖地区和海岱地区就是目前所知最早产生棺椁制度的地区。龙山文化时期的三重棺椁，甚至更晚时期的多重棺椁，则可以认为是这一制度的发展和进一步的规范化、制度化。许多学者认为，中国商周礼制中的许多内涵来自于东方地区，作为丧葬礼仪的棺椁制度，显然主要是继承了东方海岱地区史前文化的传统。

（原载《文物》2006年第6期）

注释：

[1] 最近几年，我们在三峡发掘战国时期的巴人墓葬，有时候完全找不到葬具的木质灰痕，所画椁线和棺线，完全是凭对土质土色的辨认和手感，以至有不少人对其产生怀疑。2004年春，我们在这里发掘出一座墓葬，由于使用了较多的青膏泥，而且地下水位较高，所以木椁和木棺保存相当完好，证实了以前发掘时所画的椁线和棺线是基本正确的。

[2] 上海市文物保管委员会：《崧泽——新石器时代遗址发掘报告》，文物出版社，1987年。

[3] 浙江省文物考古研究所：《南河浜——崧泽文化遗址发掘报告》，文物出版社，2005年。

[4] 山东省文物考古研究所：《大汶口续集——大汶口遗址第二、三次发掘报告》，科学出版社，1997年。

[5] 马萧林、李新伟、杨海青：《河南灵宝西坡遗址第五次发掘获重大突破》，《中国文物报》2005年8月26日。

[6] 北京大学考古学系、浙江省文物考古研究所、日本上智大学联合考古队：《浙江桐乡普安桥遗址发掘简报》，《文物》1998年第4期。

[7] 浙江省文物考古研究所：《瑶山》，文物出版社，2003年。

[8] 浙江省文物考古研究所：《反山》第二章注26，文物出版社，2005年。

[9] 山东省文物管理处、济南市博物馆：《大汶口——新石器时代墓葬发掘报告》，文物出版社，1974年。

[10] 山东省博物馆、山东省文物考古研究所：《邹县野店》，文物出版社，1985年。

[11] 昌潍地区文物管理组、诸城县博物馆：《山东诸城呈子遗址发掘报告》，《考古学报》1980年第3期。

[12] 浙江省文物考古研究所、余杭市文管会：《浙江余杭汇观山良渚文化祭坛与墓地发掘报告》，《浙江省文物考古研究所学刊》，长征出版社，1997年。

[13] 浙江省文物考古研究所、桐乡市文物管理委员会：《浙江桐乡新地里遗址发掘简报》，《文物》2005年第11期。

[14] 高炜：《试论陶寺遗址和陶寺类型龙山文化》，《华夏文明》第一集，北京大学出版社，1987年。

[15] 高炜：《试论陶寺遗址和陶寺类型龙山文化》，《华夏文明》第一集，北京大学出版社，1987年。

[16] 山东大学历史系考古专业教研室：《泗水尹家城》，文物出版社，1990年。

[17] 昌潍地区文物管理组、诸城县博物馆：《山东诸城呈子遗址发掘报告》，《考古学报》1980年第3期。

海岱地区史前陶器的精华——彩陶、黑陶和白陶

栾丰实

陶器的发明是人类社会进入新石器时代的一个重要标志。陶器是人类利用黏土的物理性能创造出来的新物品，这一发明堪称人类文化发展历史上的一个创举。而作为人们日常生活必需品的陶器，在整个新石器时代甚至后来的青铜时代，几乎无所不在。

陶器的生产流程包括制作和烧制两大基本环节。陶器制作经历了一个从原始到进步和由低效率到高效率的漫长发展过程，用手直接捏塑成型或泥片贴塑成型、泥条盘筑慢轮成型和快轮拉坯成型是陶器制作技术的三个主要发展阶段。到大汶口文化中期阶段，海岱地区史前文化开始进入陶器生产最为发达的第三个阶段。到龙山文化时期，其制陶工艺登上了人类陶器生产历史的巅峰。

烧制是陶器生产的最后一个环节。火候的高低、颜色的差别等，都是由烧制技术决定的。首先面对的陶器的不同颜色，就是因为陶器入窑后采用了不同的烧制技术所形成的。一般说来，陶器的颜色主要有红、灰、黑三大类，其形成的原因分别是：烧制时不封窑或封窑不严密，使陶器在氧化气氛中烧成，烧出来的陶器就是红陶或红褐色陶；烧制时对陶窑进行密封，在还原气氛中烧成的陶器就是灰色等深色陶器；在烧制灰陶的基础上，再进行渗碳，即把大量含碳物质置于密封的窑的火膛内，使其产生大量浓烟渗透到窑内的陶胎中，烧成的陶器就变成了黑陶。而白陶则是由于采用了与普通陶器不同的原料，即高岭土或其他特殊成分的陶土（如含氧化镁比较多的陶土等）所形成的，与烧制技术无关。

海岱地区史前制陶技术高峰阶段的成就，既可以看作是中国史前文化成就的一个缩影，又当之无愧地代表了中国史前制陶业发展到巅峰时期的真实水平。能够代表海岱地区史前陶器生产技术和工艺并能在一定程度上标识社会发展水平的是彩陶、黑陶和白陶三大类别。

一、彩陶

所谓彩陶，是指陶坯做好尚未入窑烧制之前，用不同的颜料在陶器表面（包括内外壁）绘画各种彩色纹样和图案，然后装入窑中烧成。这样形成的彩色纹样和图案，与陶胎结合紧密，经水洗之后也不易脱落。

彩陶在世界上不少地区的史前文化中多有发现。在中国，发现最早的彩陶是渭河流域的大地湾文化或老官台文化，年代在距今8000年前后。到距今7000年之后的仰韶时代早期，彩陶在渭河流域及周边地区得到长足发展，并逐渐在黄河流域、长江流域和东北地区南部等广大地区出现，成为各区域史前文化中一朵耀眼的奇葩。

海岱地区的彩陶始见于距今7000～6000年之间的北辛文化，一直延续到距今5000年之内的大汶口文化晚期阶段，前后经历了2000余年的发展[1]。综观海岱地区的彩陶发展历程，可以粗略地划分为三个阶段。

（一）海岱地区彩陶的出现和初步发展时期

约当北辛文化中期到大汶口文化早期前段（约为距今6700～5800年）。这一阶段海岱地区的彩陶数量甚少。如经过较大规模发掘的北辛、大墩子、大汶口等遗址，在北辛文化中晚期阶段发现了极少量彩陶，颜色有黑、红两种[2]。苏北地区多用红彩，鲁南地区以黑彩为主。彩陶的纹样也十分简单，主要是宽、窄不一的带状、折线等几何形纹样，多画在钵、碗等器形的口沿外侧，也有绘在口沿内侧者。这种情形一直持续到大汶口文化早期前段，如大汶口、刘林、野店等遗址就发现有少量彩陶，而王因遗址则基本不见。

（二）海岱地区彩陶的鼎盛时期

约当大汶口文化早期后段到大汶口文化中期前段（约为距今5800～5200年）。从大汶口文化早期后段开始，海岱地区的彩陶数量迅速增多，各种彩陶纹样和图案异常繁荣，很快进入了海岱地区史前彩陶的鼎盛时期。据野店遗址公布的陶片纹饰统计数据，相当于大汶口文化早期后段的ⅡT445第5层（彩陶占5.4%）和ⅣT2148第5层（彩陶占0.65%），彩陶在全部陶片中的比例平均约为2.02%[3]。墓葬随葬陶器中的彩

图一　海岱地区第二阶段的彩陶

1、3、5. 大墩子　2、6. 王因　4、7、8. 大汶口

陶比例略高一些，如属于普通聚落的王因遗址第二、三层墓葬，彩陶在全部陶器中的比例约为5.30%[4]。这一比例虽然远远低于同时期的中原地区仰韶文化，但在数量上达到了海岱地区史前时期彩陶的高峰。

这一阶段的彩陶颜色突破了前一阶段的黑、红两彩，新出现了白、褐、黄等颜色，用彩手法则在单彩的基础上，较多地使用了复彩。在彩陶的用彩层次上，广泛使用了施加地色的双层彩甚至三层彩的绘画技法。在色彩的搭配上，有红黑、红白、黑白、红黑白、红白褐、白黑褐等多种表现形式，以达到色彩醒目和艳丽的效果。构成彩陶纹样和图案的基本元素繁多，如三角、垂弧、圆点、圆圈、勾叶、花叶、直线、折线、菱形、八角星、连山、网纹、草木、鱼鳞、水波、涡纹等。把这些元素采用不同的方法组合起来，就可以绘画出各种复杂的图案。这一阶段典型的彩陶图案有回旋勾连、花朵、八角星、太阳、云雷、连山与菱形、斜栅、网纹、勾连涡纹等。

鼎盛时期的彩陶纹样和图案，主要绘于泥质陶器的盆、钵、壶、豆、罐和杯等器物的外表，少数见于口沿和内壁。施彩位置均在人们目所能及的显要部位，如器物外表的腹部及以上、口沿等处。在大汶口、野店、王因、刘林和大墩子等遗址发现了一批典型彩陶器物，如八角星纹和花瓣纹的盆，花瓣纹、回形纹和勾连纹的钵，八角星纹的豆，花瓣纹、连续涡纹和三角形纹的壶等，堪称这一阶段彩陶艺术的代表（图一）。这一阶段彩陶艺术的迅速发展和成熟，除了

图二　海岱地区第三阶段的彩陶
1. 五村　2－4. 大汶口

单化，绝大多数都是装饰性纹样。表现形式多为宽窄不一的带状，通体画彩的做法已十分罕见。纹样以上下错对三角内填网格纹的纹饰带最为常见，其他还有连续涡纹、网纹、菱形纹、折线纹、三角纹、圆圈纹、水波纹等。而表达特定含义的纹样和图案较少。但即使到了这一阶段的后期，仍然存在少量精品彩陶器物，如大汶口遗址M10出土的一对彩陶背壶：通体用黑白两色绘制花纹，口部涂一周黑彩，颈上部绘三个等距分布的黑白彩同心圆圈，肩部饰黑地白彩涡纹，上下以白彩线界隔，腹部满饰交错排列的黑彩白边三角形，上大下小，底部为两周黑地白彩圆点纹。而在器物的腹部饰流畅的多重连续涡纹、大菱形格内置整齐的小菱形纹等，均为此期不可多得的精品（图二）。

海岱地区的彩陶从诞生到消失的两千多年时间中，连绵不绝，传承发展，是构成海岱系新石器文化体系的重要内容之一。特别是在大汶口文化早中期阶段的数百年间，彩陶数量大增，彩陶艺术家们的创作激情勃发，使海岱地区史前彩陶艺术达到了较高的水准，为后世留下一大批精美的彩陶艺术品，从而在整个史前彩陶艺术园地中占有重要的一席之地，为中国史前彩陶艺术的发展做出了独特贡献。同时，随着大汶口文化的崛起并向分布区以外区域的文化扩散，大汶口的彩陶艺术也传播到了更为遥远的长江下游和辽东半岛等广大区域。

大量吸收中原地区仰韶文化的彩陶成果之外，专业陶工匠的出现无疑是海岱地区制陶业乃至彩陶艺术得到长足发展的内在原因。如大墩子遗址的M102，为一老年男性，墓内出土的20多件随葬品中多数为陶器，其中有5块绘制彩陶的颜料石，经鉴定为天然赭石，研磨后得到的"赭红色粉末，与彩陶上的红色完全一致[5]。"这位年长者生前应为专门从事陶器生产和绘画彩陶的工匠，或者就是一名彩陶艺术家。

（三）海岱地区彩陶的衰落时期

约当大汶口文化中期后段到晚期前段（约为距今5200～4700年）。海岱地区的史前彩陶经历了前期数百年的繁荣之后，到这一阶段逐渐走向衰落。表现为彩陶数量不断减少，以至在大汶口文化晚期消失。彩陶纹样和图案的种类趋于简

二、黑陶

1930和1931年，中央研究院历史语言研究所等两次发掘章丘城子崖遗址，其最重要的收获，就是确立了中国早期历史上一个重要的发展阶段——龙山文化（时代）。龙山文化的成就很多，最引人注目的是这一文化存在着大量光洁朴素、质硬胎薄的黑色陶器，故一度曾与中原地区以仰韶村为代表的彩陶文化相对应，提出了黑陶文化的名称。此后，黑陶就成为龙山文化最典型的特征和代名词，也是龙山文化诸多文化成就中十分突出的一个组成部分。

大汶口文化的发现和确立，在解决了龙山文化来源问题的同时，也将作为龙山文化典型特征的黑陶上溯到了大汶口文化。纵观海岱地区史前时期的黑陶，其发展过程大体上可以分为四个阶段。

（一）大汶口文化早期及其以前阶段

黑陶开始出现，但数量较少，质量也不稳定，绝大多数为黑皮陶，即表面为黑色而内胎为红、褐等颜色，甚至颜色呈现斑驳的多色陶器，这与较为原始的烧制技术密切相关。如王因遗址，在近900座大汶口文化早期墓葬出土的1348件陶器中，主要是红陶和灰陶，基本没有可以称为黑陶的陶器。等级高于王因的野店遗址，大汶口文化早期墓葬的随葬陶器中，黑陶的比例占到了9.15%。而作为等级最高的大汶口遗址，黑陶数量更多一些，但居住遗存中的黑陶比例明显要少于墓葬随葬品。文化层和居住遗迹内发现的黑陶数量很少，在全部陶片中所占比例甚低，早段基本没有，中、晚段则分别为1.87%和4.14%[6]；而同时期的墓葬随葬陶器中，黑陶的数量明显较多，早、中、晚段黑陶所占比例分别为10%、14.23%和26.66%[7]。黑陶在居住遗存和墓葬中的数量都呈现出一个不断增长的发展趋势。这一阶段的黑皮陶绝大多数为泥质陶，夹砂陶中极少见到黑陶，器形主要有觚形杯、高足杯、豆、钵、碟等。

（二）大汶口文化中期和晚期前段

在长期使用慢轮制作和修整陶坯的基础上，发明了快轮拉坯成型的制陶技术，陶器的规整程度明显提高。同时，由于烧制技术的改进，通过充分渗碳以烧制黑陶的技术日渐成熟。所以，这一阶段黑陶的数量进一步增多，质量也得到较大提升，特别是在墓葬的随葬陶器中，黑陶的比例占到了20%~30%，有的甚至更多。如属于大汶口文化中期的野店第四期墓葬，黑陶在全部随葬陶器中的比例达到了27%。黑陶的器形除了前期存在的之外，还新出现了尊、瓶、壶等新器类。

（三）大汶口文化晚期后段到龙山文化早中期

这一阶段生产的黑陶进入其发展史上的鼎盛时期，黑陶的数量达到了空前绝后的境地。到大汶口文化晚期后段，墓葬随葬品中黑陶的数量就超过了50%。如野店第五期墓葬，随葬品中黑陶的比例达到了55%，西夏侯上层墓葬的黑陶（包括灰黑陶）比例为68.7%[8]。进入龙山文化之后，黑陶数量更多，文化层和居住类遗迹中黑陶所占比例也超过了50%。如胶州三里河遗址公布的资料，3个龙山文化灰坑共出土5210片陶片，其中黑陶片为3781片，占比为72.6%。墓葬随葬陶器中黑陶所占比例则更高[9]。

黑陶的制作工艺在大汶口文化中期发明快轮制陶的基础上，这一阶段快轮拉坯成型技术比较广泛地运用到了陶器的制作之中。同时，分工明确的专业化生产程度不断提高。两城镇遗址龙山文化陶器的制作工艺研究表明，当时制作陶器的分工已经十分精细。如制作陶杯把手这一工作，就是采用了批量生产的方法，一次性可以生产出4个、6个甚至更多，极大地提高了陶器的生产效率[10]。同时，快轮拉坯成型技术的逐渐推广和普及，也显著提高了龙山文化黑陶的质量，生产出大批造型优美、陶胎薄而均匀、棱角分明、线条流畅、外表光洁、内表细密的黑色陶器。

这一阶段制作的黑陶，整体特征十分突出，简而言之，可以用五个字来形容，即"黑、光、亮、薄、轻"。黑，是说这一阶段的多数陶器黑如墨，而且多是里外透黑，即不仅陶器的表面漆黑，内胎也是黑色的；光，是说这一阶段的陶器，无论是泥质陶还是夹砂陶，均经过精细打磨，有的还经过抛光处理，器物的表面光洁如玉；亮，是说这一阶段的陶器外表在光线的照射下可以反光，像镜子一样光亮；薄，是说这一阶段的陶器，无论是小型的各式杯、碗、盘、壶等，还是大、中型的瓮、罐、鼎、甗、盆等，其陶胎都很薄，而且各个部位的厚薄均匀，其中杯类陶器的厚度，一般都在1毫米左右，而最薄的蛋壳陶高柄杯，杯口沿位置薄得像刀刃一样，厚度在0.5毫米以下，甚至比鸡蛋壳还要薄；轻，是说这一阶段黑陶的重量很轻，掂到手上的感觉要比常规轻出许多，三里河出土的一件口径14.2、高18厘米的蛋壳高柄杯（M2116:1），最薄处只有0.3毫米，重量还不足40克[11]。

这一阶段的陶器既有平底器、圆底器、圈足器，也有三实足器、三袋足器。这些器物的造型十分复杂，如三足器、圈足器的数量不断增多，并呈现多样化的发展趋势。许多器物上安装了耳、鼻、饼、突、流、把等实用或装饰性附件，这种现象明显多于其他地区的考古学文化。龙山文化陶器的器盖数量甚多，几乎是一器一盖，据此可以认为龙山文化时期的人们十分讲究卫生，才会在日用陶器上出现这种状况。

日用生活中的器皿多为黑陶，陶器的具体器形和式样繁多，后世有的器形龙山文化中差不多全有，仅容器类就有鼎、鬶、甗、瓮、缸、罐、壶、罍、尊、盆、盂、钵、匜、盘、

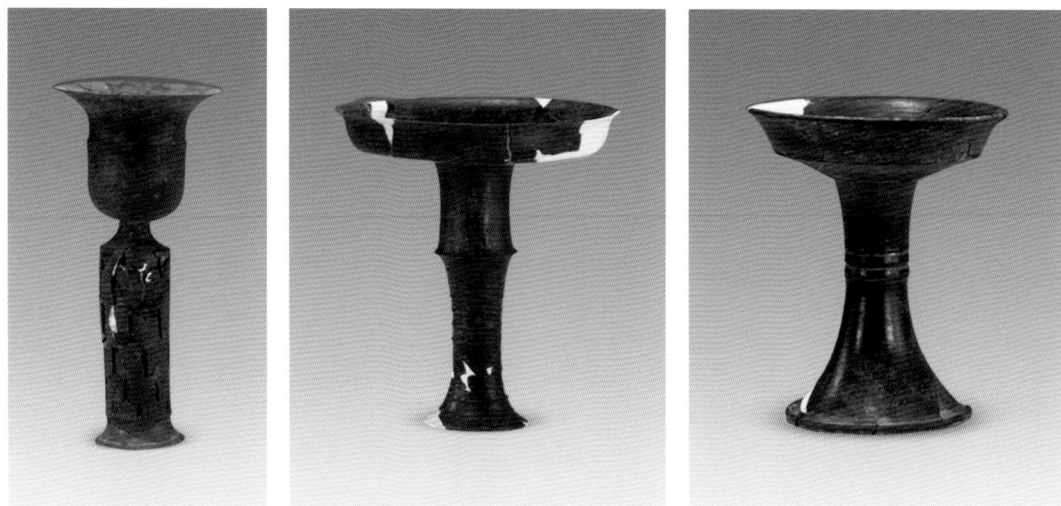

1   2   3

图三　龙山文化的黑陶（一）
1、2. 尹家城　3. 丁公

1   2

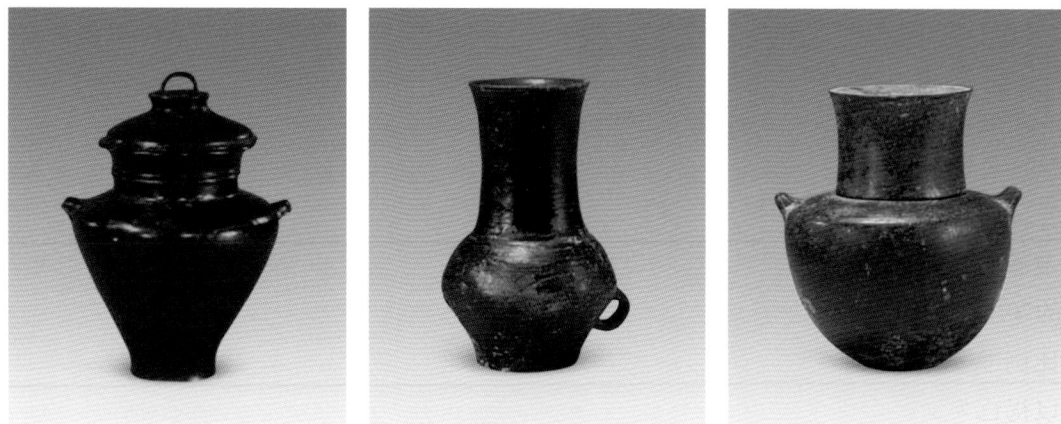

3   4   5

图四　龙山文化的黑陶（二）
1、2. 姚官庄　3. 三里河　4. 两城镇　5. 尹家城

豆、杯、碗、盅、瓶、盒、碟等。而且即使是同一类器形，也会派生出多种式样。如陶杯，就有筒形杯、罐形杯、壶形杯、觯形杯、碗形杯、高柄杯、三足杯等；再如陶盆、盘、盒等器物，均有平底、圈足和三足等多种型式（图三；图四）。在使用功能上，又可以分为炊煮用的鼎、甗、鬲、罐等，盛储用的缸、瓮、罐、盆、钵等，作为水器的双耳罐、壶、瓮、缸、匜等，饮食用的盘、豆、碗、杯等。

大汶口文化晚期以来，除了存在大量日用陶器之外，随着社会的分化和分层的发展，开始出现了专门或主要用于礼仪活动的陶器，器形有杯、罍、壶、豆、盆等，其中广为人知的蛋壳陶高柄杯以及鬶、罍等，就是龙山文化专用礼器的代表。

由以上黑陶的内涵和特征可以看出，大汶口文化晚期后段至龙山文化早中期，黑陶的制作工艺和烧制技术完全成熟，以蛋壳陶为代表的薄胎黑陶器物群，昭示着龙山文化居民制作和烧制陶器的精湛技艺，达到了极高的境界，登上了人类制陶历史的巅峰。

（四）龙山文化晚期和岳石文化阶段

从龙山文化晚期开始，海岱地区盛行了一千余年的黑陶开始走向衰落。其具体表现为，黑陶的数量逐渐减少，黑陶的质量不断下降，不仅薄如蛋壳的高柄杯类陶器逐渐绝迹，薄胎黑陶和里外透黑的陶器也越来越少见。

以往不少学者认为，岳石文化较之龙山文化发生了巨大变化，其表现之一就是龙山文化时期普遍存在的精致黑陶消失了，黑陶数量大减，红褐陶迅速增多，陶胎变厚，而尚存的部分黑陶也基本上是黑皮陶，器物的种类也明显减少。现在看来，上述变化不是在龙山文化和岳石文化交替时突然出现的，而在龙山文化中晚期之交陶器生产就开始产生了重要变化，主要表现在以下几个方面。

黑陶的数量明显减少。龙山文化晚期黑陶在全部陶器中的比例，由鼎盛期的70%以上快速下降到30%～40%。到岳石文化时期，黑陶的比例进一步降低。如胶东地区的牟平照格庄遗址，夹砂陶"以褐色为主，次为灰色及黑色"，"泥质陶中以灰陶最多，次为黑陶"，而黑陶绝大多数是黑皮灰胎或褐胎，"里外透黑的陶器极为少见"[12]。这种情况同样见于尹家城遗址的岳石文化陶器。据该遗址发掘报告公布的资

料，属于岳石文化早期的H437等四个单位，共出土了3275片陶片，其中黑陶所占比例为22.5%，与龙山文化相比进一步减少。到了岳石文化晚期，黑陶基本消失了[13]。

陶器制作技术显著衰退。龙山文化晚期，快轮拉坯成型技术仍然被广泛运用，但较之龙山早中期的薄胎陶器，晚期的陶胎明显增厚，不仅薄如蛋壳的陶器消失，普通的薄胎陶器也大大减少。至岳石文化时期，夹砂陶基本采用手制，而泥质陶仍多采用轮制，但陶胎普遍较厚，薄胎陶器完全不见，即使是同类陶器，其厚度也数倍于龙山文化早中期。烧制技术特别是烧制过程中的渗碳技术，完全失掉了龙山文化鼎盛期黑陶的真传。保留下来的黑陶基本上都是所谓的黑皮陶，即外表是黑色的，内胎则或为灰色或为褐色。

陶器的器形减少。龙山文化晚期，陶器的种类就开始减少。到岳石文化时期，较为常见的器形只有鼎、甗、罐、盆、尊、豆、碗、盒、器盖等10种左右，器物种类不足龙山文化鼎盛期的一半。

综上所述，海岱地区史前时期的黑陶，前后延续时间长达3000多年，经历了一个产生、发展、鼎盛和衰落的漫长发展过程，从其变迁的历史轨迹中，揭示并见证了以薄胎黑陶器物群为代表的海岱地区史前陶器生产的辉煌。

三、白陶

白陶的发明是陶瓷生产历史上一项突破性成就。制作陶器的原料一般是黏土，这种黏土的黏性较大，浸水湿润后可塑性很强，故可以做成各种形状的器物。白陶的原料是制作瓷器的高岭土，制作的技术要求较高，难度也大，但它耐高温，吸水性差，后来被选为制作瓷器的专用原料。所以，采用高岭土为原料制作的白陶，不仅是人类制陶史上的一大进步，也为以后瓷器的发明奠定了基础。

白陶的主色调为白色，如果进一步细分，则有纯白、淡黄、橙黄、桔红等有所差别的颜色。据近年在日照两城镇仿制龙山文化陶器作坊的烧制实验，同一批原料制作的同一批器物，在同一窑内烧制，出窑后发现其颜色存在着上述差别，究其原因，是因为陶坯在窑内的位置不同。由此看来，白陶颜色上的细微差别，当主要是在烧制过程中由于受火的强弱程度不同所造成的。白陶多经过高温烧制而成（黏土做

成的陶器烧成温度一般都在1000℃以下，而白陶的烧成温度可以达到1000℃以上）。白陶器皿的器壁多数薄而均匀，质地坚硬，色泽明丽，扣之则发出清脆的声音。

白陶在海岱地区史前文化中出现较晚，就目前资料而言，出现于大汶口文化晚期早段，到岳石文化时期就已消失。所以海岱地区的白陶主要流行于大汶口文化晚期和龙山文化时期，前后延续了大约1000年的时间[14]。依据白陶内涵的变化和分布特征，可以将其划分为前后两个阶段。

（一）大汶口文化晚期阶段

白陶出现之后，很快就达到其生产的高峰时期。而时代较早的大汶口文化早中期，到目前为止没有确认存在用高岭土制作的白陶。但大汶口文化早中期曾经流行彩陶，在各种彩陶的颜色中，白彩较为引人注目。大汶口人对白彩的运用，主要有两种处理方式：一是用白彩打地色，然后在白色的地子上画其他颜色的纹样；二是用白色和其他颜色一起绘画各种复彩的纹样和图案。前一种用白色铺地的彩陶，在某种程度上有白陶的效果。所以，大汶口文化晚期之后流行的白陶，或许与早中期大汶口人较为喜欢白色彩陶有内在联系。

这一阶段白陶的分布规律和特征较为明显，主要表现在以下四个方面。

一是从白陶的分布区域上看，以鲁中南的汶泗流域和鲁东南的沂沭流域数量较多。前者的大汶口、西夏侯、野店、岗上等遗址，均发现一定数量的白陶；后者的陵阳河、大朱村、杭头、丹土、前寨、大范庄等遗址，也出土了数量不等的白陶。而其他地区，如鲁西北、鲁北和胶东半岛等地区，白陶的数量相对较少，还没有发现像大汶口、陵阳河这样出土大批白陶的遗址。

二是等级较高的遗址出土白陶数量较多，而等级较低的遗址发现的白陶较少。如目前所知等级最高的大汶口遗址，属于大汶口文化晚期的25座墓葬共发现198件白陶，占同期墓葬全部随葬陶器的35%，这是迄今为止出土白陶数量最多和在全部陶器中所占比例最高的大汶口文化遗址。在与其相距不远、属于区域中心的野店遗址，在32座大汶口文化晚期墓葬中，只发现了9件白陶，仅占全部随葬陶器的2.7%。等级更低的枣庄建新遗址，白陶数量更少，92座墓葬的1000多件

随葬陶器中，则没有明确的白陶。同样的情况也存在于沭河流域的大汶口文化晚期遗址。如等级最高的大型聚落陵阳河遗址，白陶的数量最多[15]，而等级略低的中型聚落大朱村遗址，白陶数量也比较多，但明显少于陵阳河遗址[16]。

三是在同一遗址内，等级较高的大型墓葬使用白陶较多，等级较低的中型墓葬随葬的白陶一般较少，小型墓葬则没有白陶。如大汶口遗址的25座晚期墓葬，有11座墓葬出土了198件白陶，其中墓室面积在5平方米以上的7座墓葬就出土了175件，占全部白陶的88%。同时，这7座墓葬均有木质葬具，多数还发现有玉钺或石钺、骨牙雕筒等高端器物。再如野店遗址，数量不多的白陶也都出自较大的墓葬之中。所以，可以认为白陶一经出现就被社会上层贵族所垄断，成为身份和地位的标志。

四是大汶口文化晚期的白陶既有泥质陶，也有夹砂陶，总体上泥质陶较多，但存在着区域性差别。白陶的器形种类也较多。如大汶口遗址的白陶种类多达11大类，计有鼎、鬶、盉、豆、壶、背壶、罐、杯、高足杯、尊和器盖；陵阳河遗址的白陶器形也有七、八种之多，有鬶、盉、壶、背壶、圈足杯、高足杯、带把碗和器盖等。而西夏侯和野店遗址的白陶器类就少得多，只有3～5种。而像建新、六里井等遗址，则基本没有发现白陶。所以，在大汶口文化晚期，白陶器形种类的多少也与遗址的等级密切联系在一起。随着时间的推移，白陶的器形有逐渐减少的趋势（图五）。

（二）龙山文化时期

进入龙山文化时期之后，白陶仍然是一类重要的陶器，但与大汶口文化晚期相比，产生了一系列新的变化。

在白陶的地域分布上，龙山文化较之大汶口文化时期更为普遍，不仅在海岱地区各个小区内均有发现，在其周边地区，如辽东半岛南部、豫北冀南等地也有发现。但数量都不多，在全部陶器中的比例一般不足1%。

与大汶口文化晚期不同，龙山文化时期的白陶基本上只见于一种特殊的器形——陶鬶，其他类别的白陶器形则极为罕见。造型复杂的陶鬶，堪称东方史前文化的指征性器物。这种陶器的器身修长，上部前端有高耸的流口，下接较长的颈部，与流口相对的一侧有变化多端的大型把手，腹部从浑圆到扁圆以至消失，底部则有三个实足或者空足。此外，其

1

2

7

3

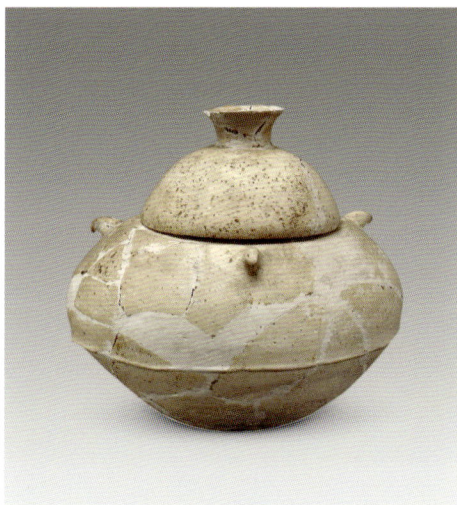

4

5

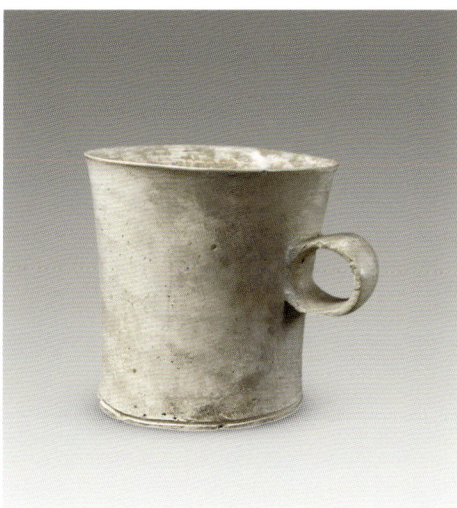

6

8

图五　大汶口文化晚期的白陶
1—7. 大汶口　8. 陵阳河

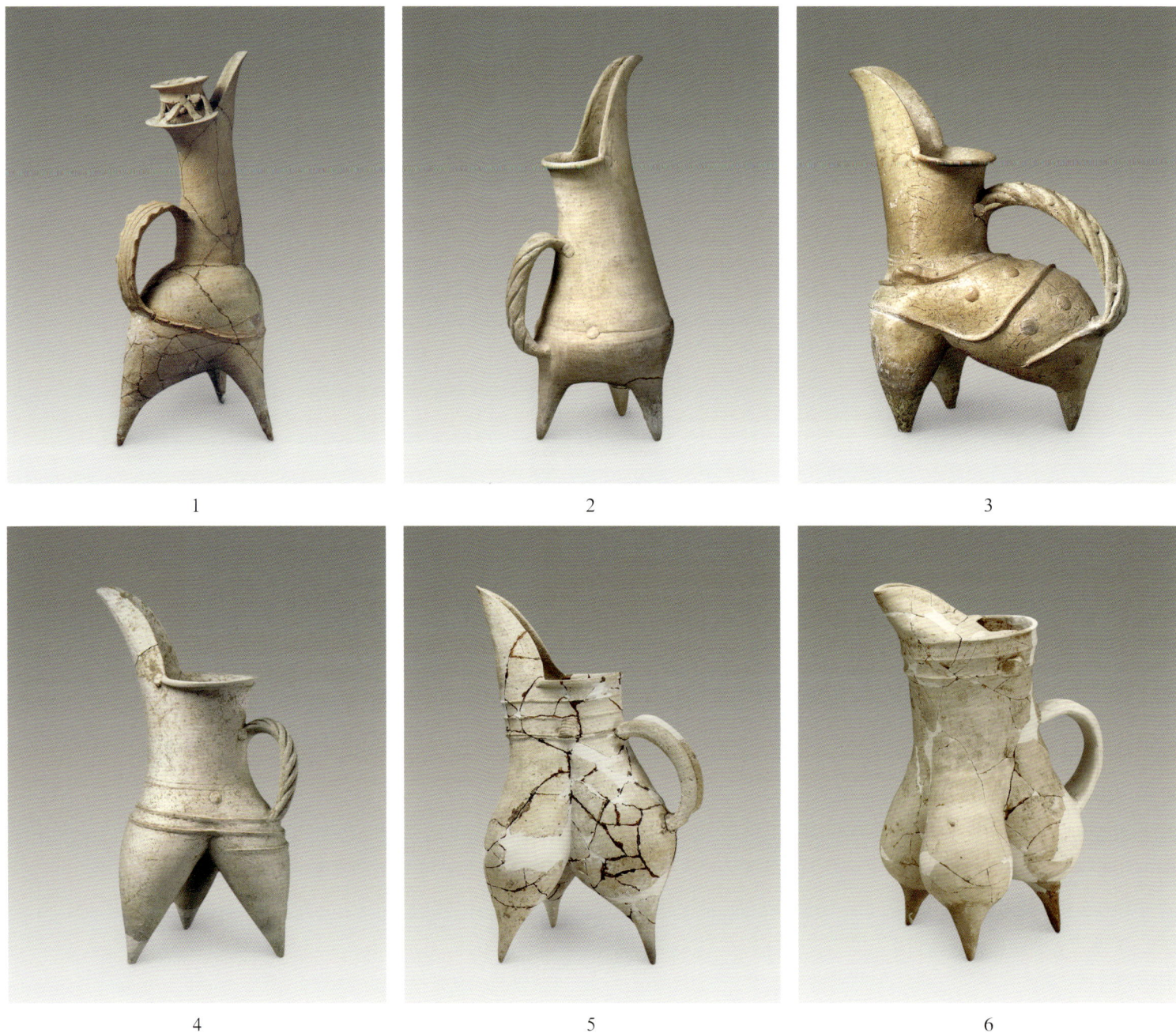

图六　龙山文化的白陶鬶
1. 大范庄　2、3. 姚官庄　4. 西吴寺　5、6. 尹家城

外表还配有线条简洁的纹饰，如圆形泥饼、凹陷的弦纹或凸起的棱线等。鬶的造型十分别致，学者们多认为是模仿鸟类的原型创造出来的。如宁阳磁窑发现的1件大汶口文化式实足鬶，在其腹部左右两侧压印出鸟的两翼羽毛，就是一幅活生生的鸟的形象[17]。所以邹衡先生将其称之为"鸡彝"[18]。东方地区史前居民具有崇拜鸟的文化传统，文献记载东夷首领

少昊氏就以各种鸟来命名官员。这种采用特殊陶土做成的特殊器物，应该与当时东方部族的信仰密切相关。

陶鬶在白陶产生之初就已经存在，只是随着时代的变迁其形制也在不断变化。大汶口文化晚期的陶鬶，颈部较细，腹较深，袋足相对较浅。到了龙山文化时期，有款足鬶和袋足鬶之区别。袋足鬶逐渐成为鬶的主流，其颈部越来越粗

短，腹部趋于消失，下部有三个肥硕的乳状袋足。同时，器表的装饰也发生了明显变化（图六）。

龙山文化的白陶，除了多数是用高岭土直接做成的之外，还有在红褐陶外表涂抹一层白色陶衣的做法。并且涂白色陶衣的陶器也只见于陶鬶。保存较好的白衣陶鬶，在外观上具有和白陶鬶一样的效果。如西吴寺遗址出土的一件龙山文化中期的白衣红褐陶鬶，由于保存比较好，将其和同类白陶鬶放在一起，完全分辨不出来（图六，4）[19]。所以，可以认为白陶鬶和白衣陶鬶的功能是完全相同的。

龙山文化的白陶，人们赋予了其特殊的社会含义，在当时社会是身份和地位的象征物。白陶在以城址为代表的龙山文化中心性聚落遗址的数量较多，一般的中、小型遗址较少。在同一个遗址中，往往在等级较高的墓葬内出现，而普通的小型墓葬则没有，体现了白陶在当时社会的价值取向。所以，白陶在墓葬中的有无和数量多少，可以看作是社会复杂化进程中衡量社会分化程度的量化指标之一。

（原载《大河上下——黄河流域史前陶器展》，文物出版社，2015年）

注释：

[1] 栾丰实：《海岱地区彩陶艺术初探》，《海岱地区考古研究》，山东大学出版社，1997年。

[2] 中国社会科学院考古研究所山东队等：《山东滕县北辛遗址发掘报告》，《考古学报》1984年第2期；南京博物院：《江苏邳县四户镇大墩子遗址探掘报告》，《考古学报》1964年第2期；南京博物院：《江苏邳县大墩子遗址第二次发掘》，《考古学集刊·1》，中国社会科学出版社，1981年；山东省文物考古研究所：《大汶口续集——大汶口遗址第二、三次发掘报告》，科学出版社，1997年。

[3] 山东省博物馆、山东省文物考古研究所：《邹县野店》，文物出版社，1985年。

[4] 中国社会科学院考古研究所：《山东王因——新石器时代遗址发掘报告》表五，科学出版社，2000年。但据表四的统计，彩陶数量占比为3.43%。

[5] 南京博物院：《江苏邳县大墩子遗址第二次发掘》，《考古学集刊·1》，中国社会科学出版社，1981年，第46～48页。

[6] 大汶口、龙山文化时期，居址的黑陶数量一直明显少于墓葬，所以在进行比较时应注意这一差别。

[7] 山东省文物考古研究所：《大汶口续集——大汶口遗址第二、三次发掘报告》附表七、一〇，科学出版社，1997年。

[8] 中国科学院考古研究所山东队：《山东曲阜西夏侯遗址第一发掘报告》表二，《考古学报》1964年第2期。

[9] 中国社会科学院考古研究所：《胶县三里河》，文物出版社，1988年。

[10] 范黛华、栾丰实、方辉等：《山东日照市两城镇龙山文化陶器的初步研究》，《考古》2005年第8期。

[11] 中国社会科学院考古研究所：《胶县三里河》，文物出版社，1988年，第92页。

[12] 中国社会科学院考古研究所山东队、烟台市文物管理委员会：《山东牟平照格庄遗址》，《考古学报》1986年第4期，第452页。

[13] 山东大学历史系考古专业教研室：《泗水尹家城》，文物出版社，1990年，附表一九。

[14] 栾丰实：《海岱地区史前白陶初论》，《考古》2010年第4期。

[15] 山东考古所、山东省博物馆、莒县文管所：《山东莒县陵阳河大汶口文化墓葬发掘简报》，《史前研究》1987年第3期。

[16] 山东省文物考古研究所等：《莒县大朱家村大汶口文化墓葬》，《考古学报》1991年第2期。

[17] 刘敦愿：《宁阳磁窑鸟形陶鬶》，《文物天地》1996年第4期。

[18] 邹衡：《试论夏文化》，《夏商周考古学论文集》，文物出版社，1980年，第149页。

[19] 国家文物局考古领队培训班：《兖州西吴寺》，文物出版社，1990年。

初析焦家遗址的制陶工艺

曹迎昕　王芬

陶器的发明是人类发展历史上的一项创举。陶器同人类的生活和生产息息相关，并与定居生活、农业经济所形成的生产和生活方式紧密联系在一起。不同时代、不同地区的陶器在器形、基本组合上有其自身特色，因此根据对陶器器形和陶器组合的研究，可以判断其出土遗址的文化属性。通过陶器的类型学分析，可以对考古学文化进行分期研究。随着社会分层的产生和发展，陶器又被赋予身份、等级和礼制等方面的象征意义，如通过陶礼器的种类、形制、数量、组合关系和出现的范围等，可以了解不同时期不同区域人们礼仪活动的内容、规格和等级、丧葬习俗和制度等，进而探讨社会结构、分层和社会性质等深层次的问题。因此，陶器在人类古代社会、文化的发展和考古学研究中具有十分重要的意义。

焦家遗址地处济南市章丘区西北20公里处，向南距离城子崖遗址约5公里。其遗存时代主要为大汶口文化，另外，存在少量龙山文化、岳石文化和汉代遗存。通过与邹县野店、胶县三里河、广饶五村和傅家等遗址的陶器进行比较分析，认为焦家大汶口文化遗存的年代主要为大汶口文化中期晚段到晚期阶段[1]。

焦家遗址的陶器器形并不复杂，主要是以陶鼎、陶罐、陶豆为代表的生活器皿，到了晚期，陶鼎、陶罐所占比例仍较高，但是高柄杯、单耳杯、背壶等器物的数量上升明显。以下从陶土加工、成型技术、修整技术和装饰、烧制和典型器物的制作工艺观察几方面探讨焦家陶器的制作工艺。

一、陶土加工

通过观察发现，完整器中有超过半数的为夹砂陶，陶胎体包含物至少分为粗砂岩、粉砂和碳酸盐岩、基性岩屑三类；包含物的粒度差异较大，磨圆度好，棱角不明显，且蚀

变程度较高。综合以上陶器包含物的特征，笔者推测本期陶器直接采用遗址当地的黏土进行生产（包含物为黏土中的天然颗粒），抑或是采用了遗址附近未经筛选的河沙。此外，相当一部分数量的陶器表面可见云母颗粒，但粒度较小，由于现在缺乏遗址当地可对比的黏土标本，当前尚不能判断这些云母颗粒是否为当时陶工有意添加。

二、成型技术

陶器制作有一个完整的流程，其核心是成型技术，而成型的方法较多，从大的方面可以区分为两大类，即通常所说的手制和轮制。

（一）手制

手制即直接用手制作陶器，不借助于机械性或半机械性的工具。焦家遗址陶器所表现出来的手制方法主要有泥条盘筑法、捏塑法两种。

1.泥条盘筑法

通过对完整器和典型陶片的观察发现，焦家遗址的陶器通常采用的是泥条盘筑制成。

以陶罐为例，通过现代民族学调查的结果推测泥条盘筑的制坯过程为：将制好的器底置于木板或石板上，然后把加工好的泥料制成1—2厘米宽的泥条，将手置于器物内侧按压泥条制作器壁，并将泥条接缝拍打严实。泥条多向内倾斜，故采用正筑法筑成。部分器物底部见叶脉纹或印纹，应为木板或石板上垫有树叶（图一）。

2.捏塑法

是指直接将泥料捏制成所需器形。除个别为小型器物外，其余均为器物附件，如鼎足、把手、鸡冠形耳、盲鼻等部位。捏制而成的器物往往制作较粗糙，有的保留有制作指纹，形制未经修正，很不规整。

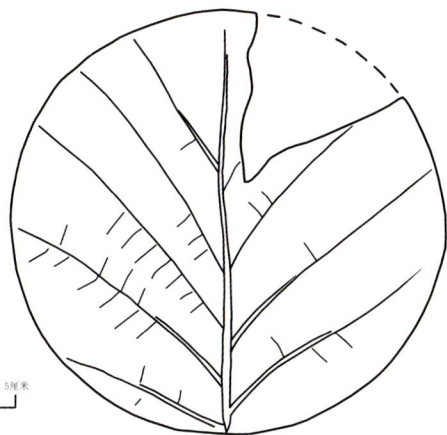

图一　焦家遗址陶罐（M13：2）底部叶脉纹

（二）轮制

轮制是借助轮盘也被称为陶车快速转动所产生的离心力，利用提拉的方式将坯泥提拉成所需器形的工艺。轮制法制作的陶器器形均较规整，器壁厚薄均匀，器壁见细密的拉坯指纹，底部有线割留下的偏心螺线纹[2]。通过观察发现轮制而成的器物多为单耳杯、高柄杯。

制成一个器物并不是只采用一种方法，往往是多种方法结合制成，例如，一个陶杯采用泥条拉坯轮制法制作杯壁，把手部分则用捏塑法制成；陶鼎的底部和器身部分由泥条盘筑而成，鼎足捏制而成。将各部分制作好后需对其进行粘接，为使各部分之间的粘接更为牢靠，会对粘接处进行特殊处理，如安装鼎足时会将其与粘接处刻画若干凹槽（图二，

1、2），以加大摩擦力。鼎足与坯体粘接后还会在外壁抹泥加固（图二，3、4）。

三、修整技术

焦家遗址的陶器多手制而成，其成型后器形较不规整，会出现口部不平、器物歪斜的现象。为消除成型过程中留下的泥条痕迹，使器物比较规矩和符合要求、更加美观，往往要对器物进行整形。

根据陶器器表遗留的痕迹可以判断修整方法大体可以分为两类：一是刮抹工具直接在器表进行刮抹修整，工具种类多样，例如布条、兽皮、木或竹质刮板、卵石等都可以作为修整工具，整形结束的陶器器表留有呈细密的篦纹状或板状的修整痕迹，遗留下来的痕迹规则性较差（图三）；二是慢轮修整，即借助低速转动的轮盘对器物进行整形，由于旋转的速度较慢，被修整过的陶器上留下转动时形成的旋痕，但轮旋的痕迹比较粗。从时代上来看，自焦家遗址中期中段就有一部分器物采用了慢轮修整，而随着时间的发展，慢轮修整的器物数量不断上升。

经过修整的陶器在焦家遗址所有陶器中占比极高，少见不经修整的器物。几乎所有的器物表面都有工具刮抹的痕迹。部分陶罐、陶鼎的口沿内也可见刮抹痕迹。除此之外，还有多种痕迹相互叠压的情况，表明制作者用不同工具对陶坯进行了多次修整。

四、装饰

对成型的陶器表面进行适当处理，或者施加一些纹样等装饰，既可以增加陶器的美观性，也可以增强陶坯的牢固性，集美观与实用性于一体。陶器表面的装饰主要有三大类别，即素面、纹饰和画彩。

（一）素面

是指陶器表面未施加纹饰和彩绘，有三种表现[3]：一是做好的陶坯晾干后，不做任何处理即入窑烧制，这是典型的素面陶器。二是陶器成型晾晒到一定程度时，用砺石、骨器或动物皮毛等进行打磨，使陶器的表面细密光滑，烧成之后

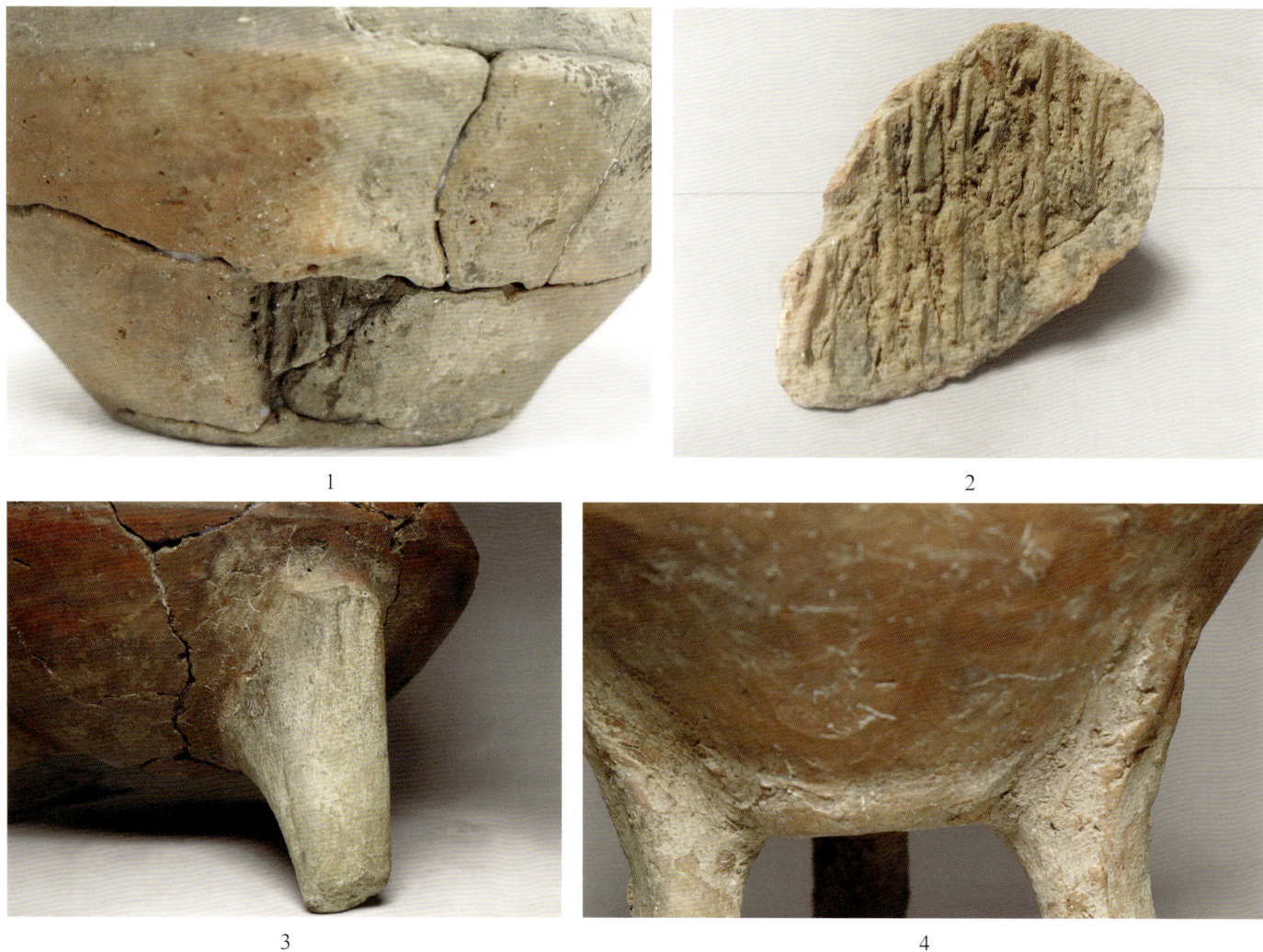

图二　焦家遗址陶鼎鼎足与鼎身粘接痕迹
1. M21：2　2. T1770 H594　3. M101：12　4. M23：6

图三　焦家遗址陶器器表修整痕迹
1. 陶豆（M37：2）　2. 陶鼎（M10：9）

会产生光亮的效果，俗称磨光陶器。三是施加陶衣，即选择特定的土加水调成泥浆，然后用刷子一类器具将其涂抹在陶器表面，烧制后陶衣颜色会因陶土的化学成分的不同而有差异，目前焦家遗址的陶衣多见红褐色。施加陶衣既是陶器装饰的一种形式，也可以用来弥合陶器表面的小裂痕等，故也有修整陶器的作用。焦家遗址半数以上的陶器均为素面陶。

（二）纹饰

多在半干时施加于陶器表面，焦家遗址陶器纹饰主要有附加堆纹、锥刺纹、镂孔、凹弦纹四种。

附加堆纹：见于罐、鼎的腹部。通常是用搓得很细的泥条粘附于腹部外壁，然后用工具或者手指戳印或者按压，有的腹部附件堆纹不连续。罐、鼎的折腹处往往器壁较薄，容易断裂，于此处施加附加堆纹，可以加固坯体，总体看来其实用意义大于装饰意义。

锥刺纹：使用竹木类的工具或带尖锥的工具在未干的陶坯表戳印或剔刻出的小窝，也是在焦家遗址陶器上最常见的纹饰。个别与凹弦纹组合出现。戳点形状差别较大，有麦粒状、近椭圆形、近菱形、近三角形、不规则形等，一般较浅，同一器物上的戳点分布不在一条线上，且大小、间距各不相同，这是由于工具头部形状、尖利程度有差异以及工具的着力方向不同而形成的。带有锥刺纹的器形较单一，见于罐、鼎的折腹处，个别鼎足上也见锥刺纹。

镂孔：见于陶豆的圈足和高柄杯的器柄上，镂刻三角形、圆形和四边形纹，也有多种纹饰共同使用。细柄豆、高柄杯镂孔多成组分布，常见2—4组，每组图形1—3个。用带尖锥的工具加工而成，内壁的制作痕迹多未磨平。

凹弦纹：数量较少，可以分为两种：一种剖面呈"U"形，应为用钝头状工具压划而成；另一种剖面呈"V"形，应为用尖锥状工具刻画而成。常见"U"形凹弦纹，"V"形凹弦纹数量较少。两种凹弦纹都较窄而浅，一般饰于陶杯的底部、高柄杯的杯体，个别陶罐、陶鼎的折腹处饰有凹弦纹。

（三）画彩

焦家遗址发现了一部分带彩的陶器，大多是绘在陶罐、陶豆、陶壶和陶杯上，超过半数的出现在口沿处，除此之外，陶罐、陶壶的上腹部和少量豆柄也会绘彩。根据绘彩的时间的不同可以分彩陶和彩绘陶两种，前者是在烧制前在坯体上绘彩，绘出的纹饰保存较好，不易脱落；后者则是在陶器烧制完成后再绘彩，一般情况下保存较差，极易脱落。

通过对现有标本进行观察可以发现，焦家遗址目前发现的纹样较为简单，多宽带纹、圆点纹、条纹等，一般纹饰简单，多单独绘一种纹样，有时两种纹样组合出现（图四）。彩陶纹样常见圆点纹、几何纹、涡纹、网纹、条带纹等，一般多组合出现绘于器物的上部。彩的颜色有红、黑、黄等颜色，一般来说红彩较多（图五）。绘彩器物多经磨光，然后在磨光的器表上直接绘彩，也有先涂陶衣后绘彩的陶器，陶衣颜色与陶器胎体颜色一致或相近。

1

图四　焦家遗址彩绘陶器
1. 彩绘陶罐（M57：43）
2. 彩绘陶单耳杯（M179：40）

2

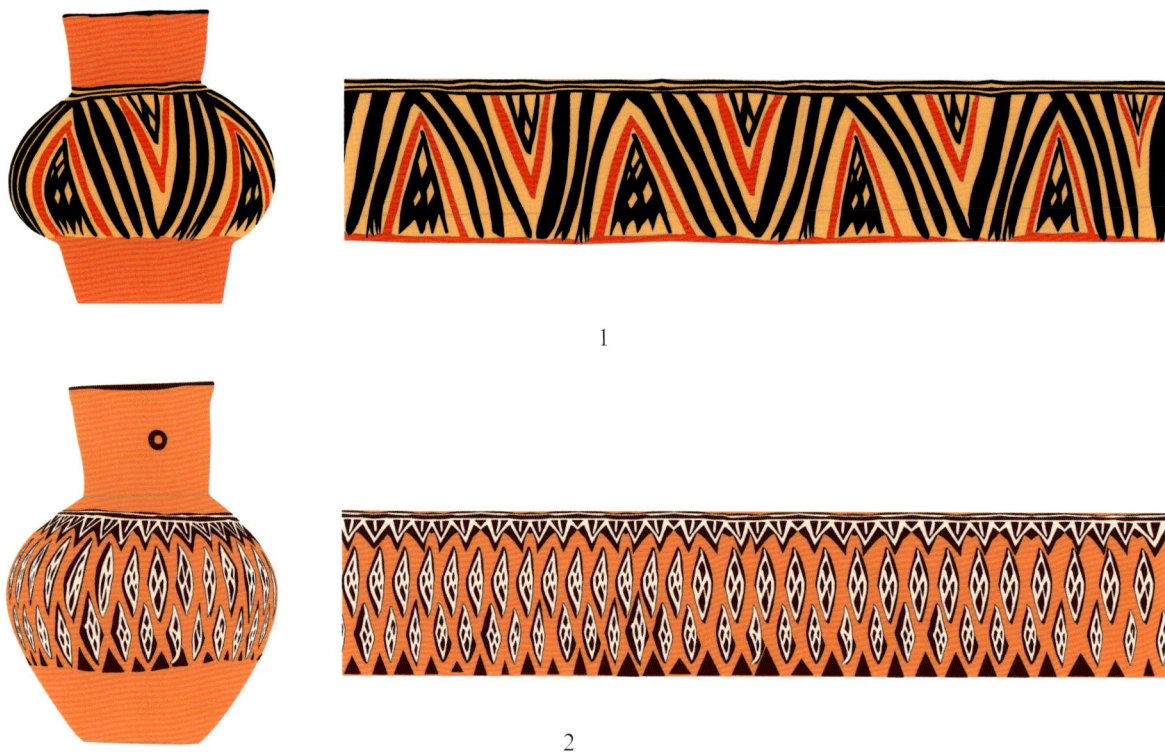

图五　焦家遗址彩陶纹样
1. 彩陶壶（M91：4）　2. 彩陶壶（M93：1）

　　总体上来看，焦家遗址的陶器纹饰较简单，风格较朴素。

五、烧制

　　目前焦家遗址仅发现一处陶窑（Y1），为新石器时代较为常见的横穴窑。呈椭圆形，目前残存的部分有窑室、火道、烟道和出烟口的底部。窑室顶部已塌毁，窑壁仍保留一定高度。窑壁下方填土皆为夹杂着大量红烧土块和少量木炭的废弃堆积，推测其为坍塌的窑壁。在烟道东北部与窑壁西南相接处有一横向黄色土条带，条带上下皆为烧结面，应属于此窑的烟道。东北部窑门和操作间被晚期的M55破坏。

　　根据以往的研究表明，烧成气氛会对陶色产生影响。一般来讲，红陶系多在氧化气氛中烧成，灰陶系多在还原气氛中烧成，黑陶则在还原气氛下进行渗碳形成[4]。观察焦家遗址目前出土陶器的陶质陶色发现，中期以红陶系的夹砂陶为主，到了晚期泥质黑陶的数量增加并出现了白陶。但总体看来，占主体地位的是红陶系，数量达到半数以上。且大多陶色不纯，陶器局部呈现较深的斑块，这与在温度较低的氧化

气氛中烧制有关，或者是因为在烧制过程中燃料接触坯体而形成的。白陶的陶色主要受黏土类型的制约。

六、典型器物的制作工艺观察

（一）陶鼎

　　结合民族学调查的结果[5]，推断陶鼎的制作过程如下：把适当大小的泥料制成圆饼状器底，将其置于石板或木板之上，将泥条围绕饼状器底紧密粘接后向上盘筑坯壁，之后从内侧向上叠加泥条，盘筑到一定高度后，用力按压泥条，使上下粘接紧密并使泥条变薄，并调整泥条角度开筑上腹部至完成。下一步是安装鼎足，为使鼎足与坯体粘接更牢靠，会将二者的粘接处刻画若干凹槽。鼎足与坯体粘接后还会在外壁抹泥并用刮抹的较为平整，也是为了增强其牢固性。在这一过程中要保持坯体维持湿润。

　　釜形鼎的坯体已基本成型，下一步就要对坯体进行修整。首先是要平整坯体，坯体成型后表面留有泥条粘接的缝隙或者按窝状的制作痕迹，为使器表更加美观平整，会用工

具对其表进行加工，根据器表遗留的修整痕迹判断工具主要有两类：一是用木板状工具对器表进行刮抹，二是用较小的卵石修整器表。值得注意的是，对坯体进行的修整不局限于外壁，一般来说内壁也会进行相应的修整，所以内壁也常见板状工具或卵石刮抹的痕迹。有的陶鼎修整口沿时要借助慢轮完成，在旋转的慢轮上用手指将口沿修成需要的样子，因此可以在口沿下发现细密的轮修痕迹，然后在折腹处施加附加堆纹或锥刺纹。

（二）单耳杯

从制作方法上来看，目前已有的单把杯的成型方法基本可以分为两类，第一种是分别制作杯底、杯身和杯把，且三者多手制而成。杯底多呈饼状，用泥料捏制、拍打而成。杯身多泥条盘筑而成，部分器物内壁可见泥条盘筑的痕迹。耳也是手制而成。分别制作完三者后再进行粘接，为使粘接更为牢固，在粘接处一般会加涂抹泥料。第二种则是由泥料直接拉坯成型，杯底有偏心螺旋纹，内壁有明显的拉坯指纹，但拉坯成型的单把杯数量较少。

在修整过程中，注重平整制作过程中留下的痕迹，一般近下腹内壁处保留部分痕迹，外壁和内壁上半部，几乎不见泥条盘筑痕迹，因这两处是常使用的位置同时也是较显眼的位置，将制作时的纹饰修整平可以使器物看起来更为美观。单把杯的修整有两种情况，第一种是借助卵石类的工具对器表进行刮抹，但与其他类型的器物相比，单把杯上留下的板状刮痕的宽度较窄。另一种则是在转动的轮盘上进行修整，并在内壁留下细密的类似拉坯指纹的螺旋纹。通过观察可以

发现，半数以上的单把杯都有轮修留下的螺旋纹，这与同时期其他类型的器物相比要高出很多。除此之外，单把杯的磨光比例也高于其他器物，半数以上的单把杯外壁都经过了磨光。

（三）陶鬶

根据形制大体可以分为实足鬶和袋足鬶。实足鬶及袋足鬶均为各部分分别制作再进行拼合粘接，且各部分多手制而成，不见快轮拉坯。器表外壁一般经过刮抹磨光，仅在粘接处见粘接刮抹痕迹，并沿粘接处分别向两侧对称分布，推测为平整粘接痕迹，沿制作时的粘接痕迹向两侧有序刮抹。另外，在部分陶鬶内壁发现有细密的类似指纹痕迹，应为用手指或木板进行的刮抹修整时留下的痕迹，方向基本一致但不是呈水平状均匀分布的，内壁可见有修整时工具下落的起点。

实足的制作方法与鼎足的制作方法类似，多手制成型再经修正成三角形。袋足鬶一般采用泥条盘筑法，取1—1.5厘米宽的泥条由袋足上部向足尖倒筑而成，因此泥条会向外倾斜。即将封底时会有不同的制作方法[6]：一种是用陶拍拍打底部表面，使器表收缩成足尖，若是拍打底部时转动轮盘，则会在鬶足内底留下放射状的褶皱；另一种是将制作好的实足尖与袋足连接。

总体说来，焦家遗址作为鲁北地区典型的大汶口文化都邑性聚落，其陶器也具有典型的大汶口文化特点，其制陶技术达到了一定水平，有一套自己的成型技术、修整装饰技术。

注释：

[1] 章丘博物馆：《山东章丘市焦家遗址调查》，《考古》1998年第6期。

[2] 中国硅酸盐学会编：《中国陶瓷史》，文物出版社，2004年。

[3] 栾丰实：《中国古代陶器概论》，《栾丰实考古文集（三）》，文物出版社，2017年。

[4] 李家治主编：《中国科学技术史·陶瓷卷》，科学出版社，1998年。

[5] 赵美、万靖：《怒族手工制陶术调查》，《四川文物》2008年第1期。

[6] 李文杰：《中国古代制陶工艺研究》，科学出版社，1996年。

骨骼上的"历史密码"

——焦家遗址大汶口时期居民身高探讨

牛月明　张晓雯

骨骼，既是人体起着支撑和保护作用的重要组织，也是人体最坚硬的部分之一。虽然骨骼的保存状况会受到诸如土壤腐蚀、风削水蚀等埋藏状况的影响，但一经出土，其与生俱来的"人类信息宝库"特点就体现出来。体质人类学就是以骨骼为研究对象，从生物学、遗传学角度来研究古今人类的体质特征和类型及其起源、演变规律的学问[1]。尤其是在能够构成统计学意义的一定数量的骨骼基础之上的研究，能够为我们提供关于古代先民人口、健康营养状况，乃至生活行为方式等各方面的信息。

随着我国体质人类学的发展以及北美生物考古学理论的传入，考古学研究越来越重视对出土人骨材料的考察。骨骼遗存的研究为我们提供了关于古人健康、饮食、生活方式、暴力与创伤、祖先及人口学方面的信息。这些信息会帮助我们理解一系列的问题，如适应性转化的原因和结果（从狩猎采集到农耕、定居）；入侵与殖民的生物学影响；食物或其他资源占有上的差异（从性别或地位上看）；冲突与战争[2]等。

大汶口文化上承北辛文化、下启龙山文化，处于海岱地区史前文明大发展大变革时期。这一时期海岱地区早期农耕经济、家畜饲养业和手工业迅速发展，原始的刻画符号（文字）、水井、人殉现象等开始出现，预示着大汶口文化已步入文明社会的前夜，也是早期劳动分工和社会分化的酝酿阶段。研究这一时期的考古遗存，能够为探索农业和文明起源时期人类与自然和社会、文化环境的互动发展提供线索。

位于鲁北地区的章丘焦家遗址经过2016和2017两年的发掘，发现丰富的大汶口文化中晚期遗存，其中以215座墓葬最为瞩目，墓葬内人骨保存较好，为鲁北地区大汶口时期居民的体质人类学研究提供了详实的材料支撑。

本文所用人骨材料均来自于焦家遗址2016年的发掘所得，经整理鉴定，共发现114个个体，分属于108座墓葬和2个灰坑。其中M21、M72和M122为合葬墓，其余皆为单人一次葬和二次葬。

一、身高复原

身高是一个个体生长发育所达到的高度，也是衡量个体发育及人群体质的一项重要指标。身高主要由基因决定，不同地区人群的身高受环境、生产生活方式、基因、营养等多方面因素的影响。但对于一定区域一定时间范围内的某一人群而言，行为模式和健康状况可能对其体型的塑造产生更大的影响。

随着考古学研究的不断深化，考古学界逐渐开始关注史前先民的健康状况，特别是在狩猎采集向农业这一生计方式或生存环境转变的关键时期的健康状况。从世界范围来看，人群的平均身高随着时代和生产生活方式的变化会产生一定的波动。学者研究发现，农业化程度的提高增加了人类的劳动强度，导致群体平均身高降低。Cook在对伊利诺伊河谷下游古代居民健康状况研究中发现，随着生业经济模式的转变，男女两性的身高都呈现出下降的趋势[3]。再如由于社会分层导致的不同阶级的人群身高的不同，例如对古希腊中期青铜时代的贵族阶级和非贵族阶级成年人的身高比较，学者发现贵族阶级的平均身高比非贵族阶级成年人高出6厘米[4]。在国内，已经有学者对黄河流域史前人口男性的平均身高进行了比较，发现随着农业化程度的加深，平均身高呈现下降的趋势，并推测这可能与劳动强度加大以及功能压力增强有关[5]。

在体质人类学研究中，通常采用的方法是依据四肢长骨的测量值来推算死者的身高，将长骨的相关测量值代入相应的推算身高的公式从而得出身高值。但是这种推算身高的公式很多，并且这种方法不可避免地受到种族、性别、年龄和个体差异的影响[6]。近年来，已有学者发现不同区域、不同年龄段的人群身高推算回归方程相关系数也不尽相同，但绝大多数承认如果保存有较完整的骨骼，利用多元回归方程的准确性会更高。对于同一长骨，最大长、生理长和全长推断身高优于局部测量项目；对于四肢长骨较完整的，股骨最大长和生理长优于其他长骨[7]。另外，用下肢骨推算的回归方程，以股骨最大长腓骨最大长之和与身高组成的一元回归方程标准估计误差为最小，为±3.03厘米[8]。虽然可以用来复原身高的骨骼种类广泛，但是各部位与复原的身高相关系数不一，有学者指出，不宜使用数个公式所得结果的平均值作为身高推算值以免误差增大[9]。

为了尽量减小误差，在公式的选择上，考虑到焦家遗址处于东亚地区，本文尽量选取中国汉族或蒙古人种的推算公式进行统计。在挑选样本过程中仅挑选生理学意义上的成年个体，即骨骺已完全愈合，骨骺已经停止生长并可明确判断性别特征的个体用于身高复原。经统计，2016年章丘焦家遗址大汶口文化墓地中共有75例个体可用于身高复原，其中男性36例，女性39例。

对于男性身高的复原，本文分别选取Trotter&Glesser[10]根据朝鲜战争中阵亡的黄种人推算出的身高复原回归方程，邵象清[11]根据中国汉族男性长骨推算出的身高复原公式及陈世贤[12]的黄种人身高与长骨关系推算公式。对于女性身高的复原，选择张继宗[13]根据中国汉族女性长骨推算身高的回归方程式及陈世贤[14]的黄种人身高与长骨关系的推算公式。经统计，2016年章丘焦家遗址大汶口文化男性居民的平均身高是171.62cm，女性居民的平均身高是161.81cm。

二、讨论与分析

为了解焦家遗址大汶口文化居民的身高水平是否受经济模式转变的影响，我们需要将所复原的焦家居民身高数据放到一个更大的时空范围内进行比较。本文选取了山东地区不同时代居民的平均身高复原值，与之进行对比研究（表一），并绘制折线图来表示。为了尽量减少由身高复原公式差异带来的误差，本文参照张馨月在《广饶县十村遗址出土人骨鉴定报告》[15]中对山东地区各组居民身高复原结果，并选取与之同样的身高复原公式进行对比分析。报告中对男女两性的身高复原方法分别来自于邵象清和张继宗的长骨复原身高公式，为了使复原的数据具有可比性，我们需要利用相同的回归公式来重新推算身高。将焦家遗址大汶口文化居民的长骨测量结果分别带入上述两种公式后，得出男性平均身高为169.33cm，女性平均身高为160.75cm。

为了能够更形象地呈现出山东地区各组古代居民男女两性身高发展态势，本文绘制了男女两性身高发展态势折线图（图一）。从图中我们可以获得两方面的信息：首先，除北阡组外，大汶口文化其他各组居民身高总体呈现出较高的态势。其次，自大汶口文化中期至汉代，除周家庄组外，山东地区古代居民男女两性的平均身高均呈现下降趋势。周家庄墓地部分居民的军人身份可能影响了该墓地人群的平均身高[16]。

造成以上两种情况的原因可能有多方面的因素，其中，遗传因素和营养因素是影响个体身高发育的最直接因素，此外，劳动强度、疾病、环境等也是影响身高发展的重要因素。从遗传基因的角度来看，山东地区大汶口文化居民可能拥有能够形成较高大体型的基因。除北阡组外，其他各组大汶口文化男性居民身高平均值均在170cm左右，而与之时代相近的淅川下王岗仰韶时代男性居民的平均身高仅为161cm[17]。

北阡组居民来自于胶东半岛沿岸的即墨北阡遗址，属

表一　山东地区各组居民身高复原统计表

组别	时代	男性（cm）	女性（cm）
北阡组	大汶口早期	165.40	154.80
大汶口组	大汶口中期	170.40	157.30
西夏侯组	大汶口中期偏晚	169.40	164.19
焦家组	大汶口中晚期	169.33	160.75
丁公组	龙山文化	165.50	154.00
两醇组	两周之际	163.62	152.62
周家庄组	春秋战国	168.07	155.09
乙烯组	汉代	163.86	150.84
十村宋元组	宋元	167.28	156.57
十村清代组	清代	167.00	158.26

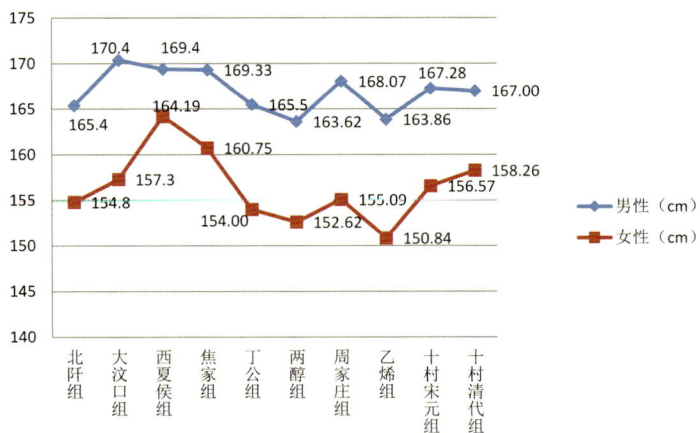

图一　山东地区各组居民身高对比折线图

于沿海贝丘遗址，虽然有丰富的海洋资源可以作为农作物的蛋白质等营养以及热量的补充，也有许多现代体质人类学的数据显示出海边的人群平均身高要高于内陆[18]。但其与同处于内陆地区的大汶口、西夏侯和焦家遗址相距较远，可能在遗传因素上存在一定的差异。这一方面可能是因为大汶口中晚期生计方式的进步为先民提供了更多的营养保障，在大汶口中晚期，农业种植、畜牧为主的生计方式已经能够支撑更多的人口生存，也能够支撑更加复杂化的社会结构；另一方面，不能忽视遗址级别差异导致的身高差距。尤其是大汶口遗址，墓地中包含的丰富且大量的随葬品至少可以表示墓主生前可以获得的资源是更为广谱的。这都可能是这三个遗址先民身高要更高于大汶口文化早期沿海的北阡遗址先民的原因。

遗传因素对人体形态的塑造是比较稳定的，但随着时代的发展，人群之间的交流日趋频繁，这种人群交流不仅促进了文化的交融，同样也带来了基因的融合。这可能使原有能够形成高大体型的基因比例有所下降，从而影响了群体身高平均值。此外，劳动强度的增大可能成为制约身高发育的重要因素。

大汶口文化早期，家畜的驯化和饲养已经达到较高水平，其中，猪的地位最为重要，构成了家畜的主体，是大汶口文化居民肉食的主要来源。此外，牛、羊、狗、鸡也已得到广泛的饲养。家畜饲养业的发展提高了居民的物质生活水平。手工业的发展主要体现在制陶业、玉石器加工、骨牙器加工及建筑、纺织等方面[19]。从大汶口文化中晚期到汉代，种植业经济在生业经济中的比重逐渐增大。然而，早期的农业耕作方式对劳动强度的需求较大，而劳动强度的增加带来了功能压力的增大，从而影响了身高的发展。据研究，狩猎采集者享有广谱性食物，而农业产生和强化以后，农民的食物主要是几种单一的富含淀粉和碳水化合物作物。农业与狩猎采集业相比，无疑加大了人类劳动的强度。从事农业生产，人类不仅增加了耕作的负担，而且仅依赖有限的几种作物也加大了一旦某种作物栽种失败就要挨饿的危险。为了尽量减小危险系数，人类又不得不提高劳动生产强度，以便生产更多的食物[20]。

此外，龙山时代正处于一个由全新世整体暖期向全新世新冰期转换的关键阶段[21]。为适应这一气候变化，人们可能承受了更大的生存压力，进而影响了人类的生长发育。而汉代以后，自然环境和社会环境均趋于稳定，随着生产工具的进步、耕作方式的改善以及农作物品种的增加，一定程度上缓解了人们的劳动生产压力，使人群的平均身高开始逐渐回升。

综上来看，焦家遗址古代居民在适应农耕经济过程中，劳动强度逐渐增大，从而影响了人群的身高发育。

人类骨骼是考古发掘中的重要遗存，包含着丰富多样的信息。人骨作为生物的"人"不仅仅是生物进化和分布链条中的一环，其所代表的个体更是生活在我们所研究的文化、社会中的一员，是这一文化的创造者和亲历者，承载着许多的"历史密码"，对于我们探究古代文化和社会有着不容小视的作用。

注释：

[1] 朱泓主编：《体质人类学》，高等教育出版社，2004年，自序。

[2] Clark Spencer Larsen：*Bio-archaeology：the lives and Lifestyles of Past People. Journal of Archaeological Research.* 2012,10（2），P119—166.

[3] Della Colline Cook：*Subsistence and health in the lower Illinois valley：osteological evidence .Paleopathology at the Originals of Agriculture.* University Press of Florida,1984,P235—269.

[4] 转引自樊榕：《北阡遗址大汶口文化时期居民健康状况试析——以人骨生物考古学为视角》，山东大学硕士学位论文，2010年。原文：①Angel,J.L：*Paleoecology, Paleodemography and Health. In Population, Social Evolution,* ed.S, Polgar, P90—167 ②Angel,J.L：*Health as a crucial factor in the changes from hunting to developed farming in the eastern Mediterranean. In Paleopathology at the Origins of Agriculture,* ed.M.N.Cohen&.J.Armelaos,1984,P51—73.

[5] 王建华：《黄河流域史前人口健康状况的初步考察》，《考古》2009年第5期，第61—69页。

[6] 朱泓主编：《体质人类学》，高等教育出版社，2004年，自序。

[7] 牛艳麟：《中国汉族男性四肢骨推断身高的研究》，山西医科大学2006届硕士研究生毕业论文，第26页。

[8] 邵象清：《从长骨推算身高的研究》，《法医学杂志》1985年第1期，第6—12页。

[9] 张秦初、胡炳蔚：《中国人长骨推算身高之比较》，《中国法学杂志》1995年第10卷第4期，第242—243页。

[10] Mildred Trotter, Goldine C.Glesser：*A Re-evaluation of Estimation of Stature Based on Measurements of Stature Taken During Life and of Long Bones after Death. American Journal of Physical Anthropology,*1958,16（I），P79—123.

[11] 邵象清：《人体测量手册》，上海辞书出版社，1985年，第393—395页。

[12] 陈世贤：《法医骨学》，群众出版社，1980年，第227页。

[13] 张继宗：《中国汉族女性长骨推断身高的研究》，《人类学学报》2001年第4期，第302—307页。

[14] 陈世贤：《法医骨学》，群众出版社，1980年，第227页。

[15] 张馨月、赵永生：《广饶县十村遗址出土人骨鉴定报告》，《海岱考古（第九辑）》，科学出版社，2016年，第145—163页。

[16] 张全超：《人骨鉴定》，《新泰周家庄东周墓地》，文物出版社，2014年，第558—566页。

[17] 杜百廉、范天生：《下王岗原始社会遗址人骨的研究》，《淅川下王岗》，文物出版社，1989年，第421—424页。

[18] 孙关龙：《试论中国人身高的地区差异》，《地理科学》1988年第8卷第3期，第283—289页.

[19] 栾丰实：《东夷考古》，山东大学出版社，1996年，第172—185页。

[20] 王建华：《黄河流域史前人口健康状况的初步考察》《考古》2009年第5期，第61—69页。

[21] 吴文祥、房茜、葛全胜：《中国龙山时代（5.0—4.0kaBP）气候变化》，《海洋地质与第四纪地质》2013年第6期，第129—137页。

海岱地区史前祭祀文化与丧葬礼仪简析

王月前

所谓祭祀，就是按照一定仪式，向神灵或祖先致敬和献礼，以表达崇拜或祈求庇护等愿望。祭祀行为产生的要素是人们出于对神灵的心理敬畏。此外，地域环境和文化传统等因素对祭祀文化的形成也起到不同程度的促进作用。

史前祭祀是人类最早开始从事的精神活动之一，作为一种人文现象，有其发生、发展过程，并随着时代变迁而逐步演化。祭祀行为本身不是独立存在的人类活动方式，常与宗教、习俗等紧密联系，是原始宗教的主要构成元素。祭祀活动在不同区域的考古学文化中以多样化的形式表现出来，从而形成丰富多彩的祭祀文化。

海岱地区处于黄河下游地区，西联中原腹地，东、北濒临大海，南通广阔的华南。地理上以泰山、黄海、渤海为依托，是一个自成系统、相对独立的文化地带。本地区已经确认的考古学文化序列先后有后李文化、北辛文化、大汶口文化、龙山文化等，沿海地带还有与内陆地区大体对应的文化类型划分。

一、前大汶口文化时期

后李文化中与祭祀相关的遗存并不多见，但在墓葬中已经有用大蚌壳作为死者陪葬品的现象，可能是当时流行的简单祭奠方式[1]。

北辛文化的遗址内，个别灰坑中发现有成堆的猪骨。其中一个坑内底部集中堆放了6个猪下颌骨，上面还用石板覆盖。另外一个灰坑内埋藏数个完整猪头骨。这些被集中埋藏起来的猪骨应是祭祀活动的遗留。此外，北辛文化墓葬中还流行用红陶钵覆盖死者脸部的葬俗，多数墓只有一二件随葬品[2]。

二、大汶口文化时期

大汶口文化的墓地内与祭祀相关的实物资料比较丰富，

表明这个时期祭祀活动比以往任何时期都要频繁。

大汶口文化的居民盛行死者随葬獐牙、獐牙勾形器及龟甲等，这些习俗为其他新石器时代文化所少见。獐牙或獐牙勾形器大多位于墓主的指骨附近，勾形器的器柄多刻有纤细的花纹，涂朱或穿孔的龟甲等则置于死者的腰部。此外，白陶鬶、黑陶高柄杯等陶器也成为象征身份地位的重要礼器。一些墓中已经开始随葬成套的大、中、小型石锛及精致玉铲（玉钺），并有更多的玉、石、骨器装饰品，其中的透雕象牙梳、花瓣纹象牙筒和镶嵌绿松石的骨雕筒等，都是代表中国新石器时代制骨工艺最高水平的典型器物[3]。

大墩子墓地龟甲都是腹甲与背甲共出，龟甲套在死者的肱骨之上，内部有许多小石子，背甲上有穿孔。有的龟甲位于腹部，内装骨锥或骨针多枚，龟甲表面有十字形或环形磨痕等[4]。墓中还出土陶屋模型，有方形、圆形两种，都作攒尖顶，有的带门窗，四周有檐，屋外壁上刻有狗的轮廓线。这些

图一 大汶口文化獐牙勾形器（大汶口）

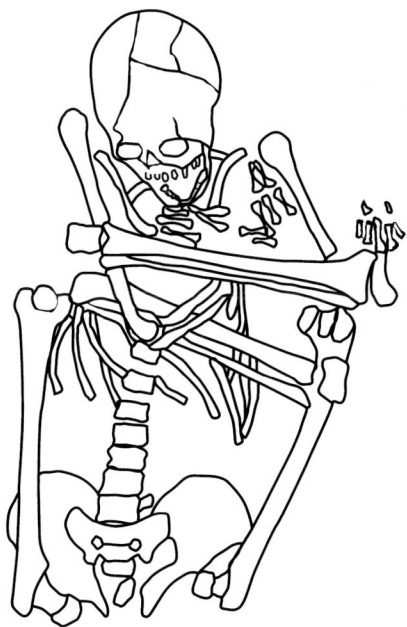

图二　大汶口文化折肢葬（刘林墓地）

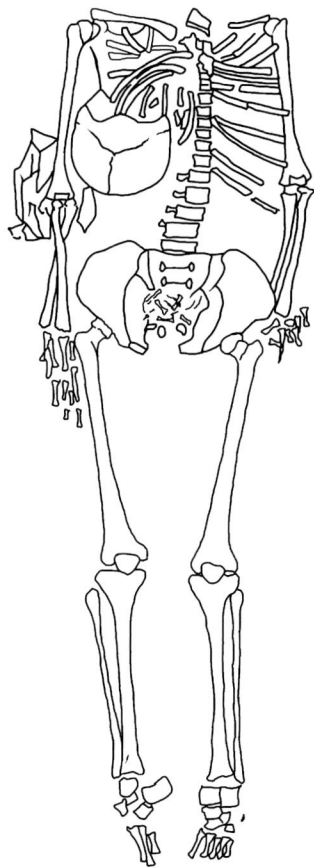

图三　大汶口文化折头葬（刘林墓地）

陶屋提供了此时住屋的立体形象，是祭祀过程中事死如生的典型写照。研究者认为，它们表明当时已经有了用犬守门的举措[5]。

　　大汶口墓地多见随葬獐牙的现象，最多的一座墓内有10多件。同样情况也见于其他大汶口文化墓葬内。手握獐牙的习俗是大汶口人们安葬死者时最常见的方式。一般认为把獐牙握在死者手中，具有避邪之意。獐牙勾形器为复合工具，由骨、角质的柄和两枚雄獐的犬齿组合而成，獐牙尖端锐利。关于獐牙勾形器的用途存在不同的看法，有认为是象征社会地位的信物[6]，也有认为是起到护身符作用[7]，还有持随身武器之说的观点[8]。不论出于何种考虑，这种器具的宗教意义是十分明显的，应是当时重要的祭祀用具之一（图一）。

　　大汶口文化还有一些奇特的葬俗。如刘林墓地一座墓中的折肢葬，死者双臂双腿被盘折于胸前（图二），还发现有折头葬，死者系骨盆内有胎儿骨殖的孕妇等（图三）。这些特殊葬式，很可能是对凶死者的处理[9]。西夏侯墓地内还可见墓主身首分离、头骨倒置，且随葬品近百件，相当丰富的大墓。其墓坑宽阔，长度均在2~3米左右，墓主的肢骨涂朱红颜色的墓葬，可能是本氏族的首领或成员的厚葬墓[10]。三里河大汶口文化墓葬中，发现多座断肢葬墓。墓坑边缘保存良好，无打破的迹象，但缺少脊椎骨、头骨、臂骨、肋骨或股骨等。一些人骨上遗留有朱红色痕迹。有的从髋骨以上至肩部有朱红色，其中有的部位直接粘贴在骨骼上，有的部位有一层很薄的土间隔[11]。山东邹县野店大汶口文化的婴儿或儿童墓，习惯用破碎的陶片覆盖，有的只覆盖头部，而更多的是覆盖头部和身部[12]。

　　大汶口文化墓地内随葬大量猪头、猪下颌骨、猪身半具、猪蹄等，另外还有其他野兽、鱼、鸟的骨头，应是祭食。通常猪头是私有财产的象征物，随葬猪头说明私有制已经出现。在西夏侯大汶口文化有随葬品的墓中，1/3以上随葬

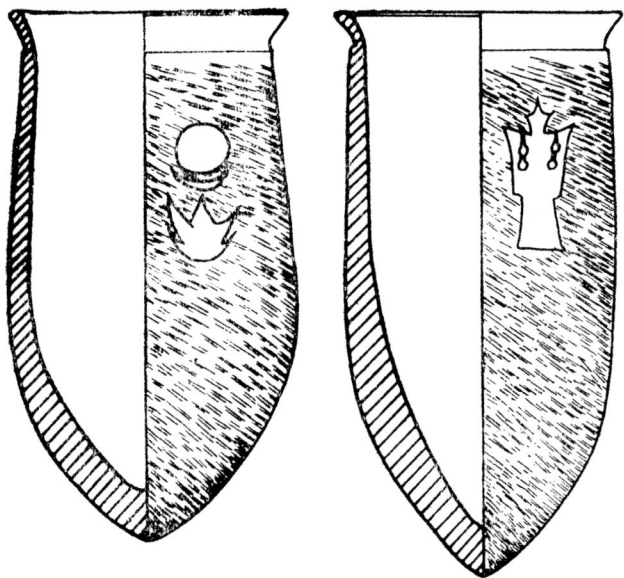

图四　大汶口文化刻画符号的陶尊（大朱家村墓葬）

猪骨。有的用半只猪，有的用下颌骨，最多的有10余个，有的还把猪头放在浅盘大豆中[13]。三里河遗址的墓葬内也见大量的猪下颌骨[14]。大墩子遗址还有殉狗或猪的墓葬等[15]。

除了在墓葬内使用猪来陪葬外，大汶口文化中也见以猪单独作为祭祀的证据。在邹县野店的两个猪坑中，各埋葬完整的猪骨架，在其中一只整猪的上下，各用陶缸片铺盖。猪坑位于墓葬和房子附近，似有祭祀房子竣工或祭奠墓中死者的意义[16]。在西夏侯遗址的一个窖穴内埋着完整的猪骨架，四肢弯曲，规整地合拢在一起，为捆绑后再埋入坑[17]。

墓葬中陪葬品的数量多寡与具体分布也反映出对死者的不同倾向性。大汶口墓地M35，是一座夫妻与儿童的合葬墓。3人一次埋在同一墓穴里，男性仰身直肢位于墓穴中央，左边为一成年女性和儿童作陪葬，20多件随葬品全部放在男性一边，表明当时男女之间的地位极不平等。为了突出男性的重要地位，在祭奠方式上也存在明显区别。在同一墓地的M1中，男性处在墓穴中央，女性则葬在男性身旁的小坑里，坑的大小仅能容身，48件随葬品中有46件放在男子一边，体现出对女性死者的极不重视[18]。随葬品的丰富程度与男女性别待遇上的强烈反差，表明它们是父权制下夫妻合葬或妻妾殉葬的典型案例。

大汶口文化刻画符号是反映当时祭祀文化的又一重要实证。刻符以刻画图案的形式出现，且绝大多数位于大汶口文

化的特有器形——陶尊上，成为这种现象的最特殊之处（图四）。陶尊这种尖圆底筒形深腹容器也因此被认为是当时的祭祀用具。刻符陶尊在山东莒县陵阳河[19]、大朱家村[20]、杭头[21]，诸城前寨[22]、安徽蒙城尉迟寺[23]等地点有少量出土。陵阳河陶尊刻有日月崇拜的图象，画面下边像一座山，中间像一个月亮，上边像一个太阳，也见一个山峰上树木状的形式。前寨遗址也出土日月内容的图案，并且还涂有朱红的颜色。陵阳河与杭头的陶尊上还有斧斤形象刻符（图五）。大汶口陶器刻画符号被认为是反映日出的意符字，并有"炅"[24]和"旦"的不同解释[25]。从图形构成来看，这些陶文都是把日、月、山这些常见的自然现象或工具形象突出地表现出来，可能与祭天、祈年的活动有关[26]。

三、龙山文化时期

龙山文化与大汶口文化一脉相承，文化内涵联系紧密，表现在祭祀方面，也有很强的继承关系。

除了墓葬以外，龙山文化时期还发现了比较明确的祭祀遗迹。在胶县三里河遗址，有两处祭祀遗迹，一处是用河卵石铺成的长方形石块建筑，长0.9、宽0.6米，选用的河卵石块大小比较均匀，铺砌相当规整。在遗迹西南约1米处，发现一具完整的狗骨架，在狗骨架下，整齐地平铺着一些陶片，附近还发现一座墓葬。石块建筑、狗骨架与墓葬三者之间关系密切，可能是作为一种特殊的活动场所，带有祭祀的性质。另一处是用河卵石铺底的圆坑遗迹，在坑内的底部，先垫上一层较薄的经过加工的硬黄土，黄土之上和坑壁又加一层灰白色硬土，灰白色硬土之上是一层灰黄色硬土，最后在坑底铺上河卵石块。石圆坑附近还有墓葬分布，据此推断这个石圆坑与墓祭有关，在此曾举行祭祀活动[27]。

山东砣矶岛大口遗址龙山文化中，发现十余个专门埋葬猪、狗的兽坑，有些猪骨的上边压有大石块，几乎盖住了整个猪骨。有的坑内填有马蹄、螺夹、海蛎壳以及小石子等。一些兽坑与墓葬相邻，墓中的人骨架上也常有大石块压盖。个别兽坑旁边有圆形坑，坑内有上下3层石块，中层铺有3块较大的石块排成"品"字形，上层是在中层的3块大石头上又盖一块大石头。这种现象应该与当时的祭祀活动有关。根据遗迹在遗址中的分布位置推测，这些兽坑可能是在对山神进

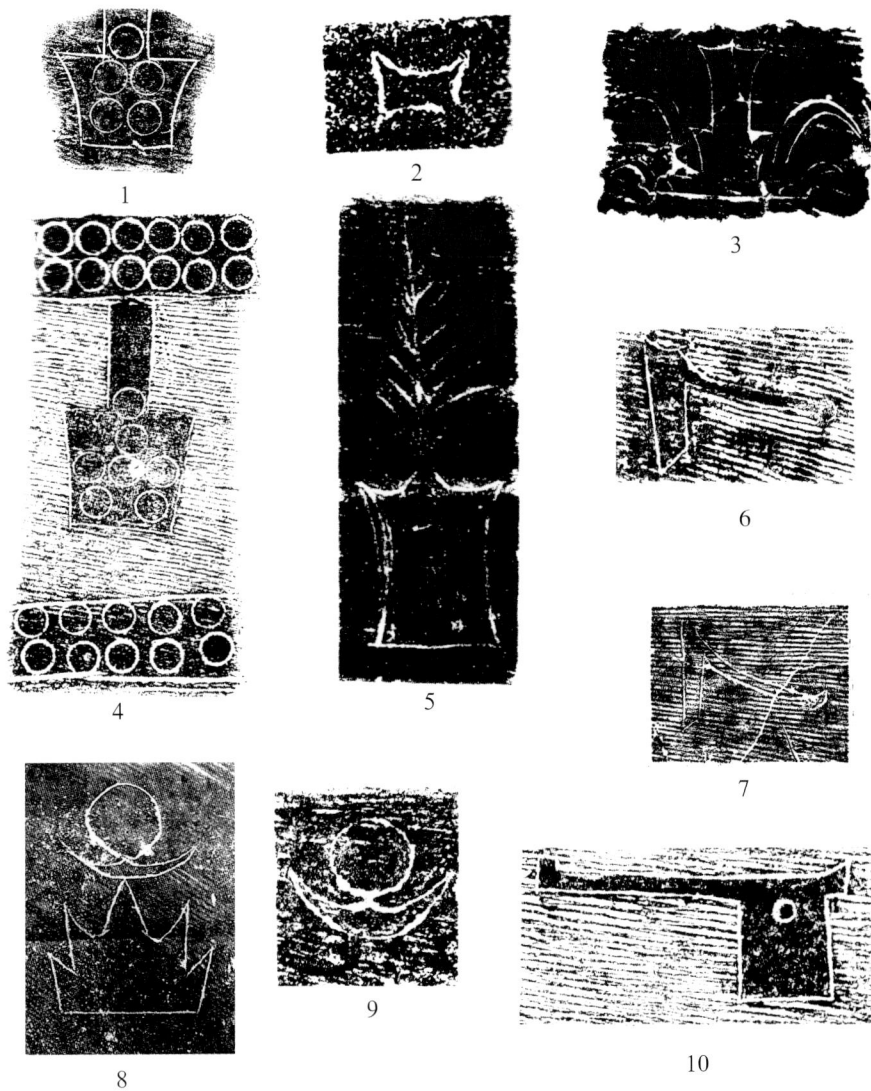

图五　大汶口文化陶尊上的刻画符号
1、2. 大朱家村墓葬　3—5、8—10. 陵阳河墓葬　6、7. 杭头遗址

行祭祀[28]。

　　三里河龙山文化墓葬中存在无头墓、只埋葬头骨墓的现象，相应的也见个别墓内埋葬部分肢骨或残缺部分肢骨的现象。其中一座墓坑的一侧整齐地排放着两根胫骨，另一侧放着三个人头骨[29]。这些埋葬方式的不合常理显示出墓主死亡方式的不正常，可能是以原始宗教的方式来对死者进行的不同祭祀。

　　在遗物方面，与祭祀活动关系密切、突出体现龙山文化特色的器形是薄胎黑陶高柄杯的发明与使用。这种陶杯经轮制而成，入窑前经过细致打磨，在烧制过程中又采用了封

窑烟熏的渗碳方法，因此漆黑发亮。陶杯厚度均匀，薄如蛋壳，最薄处仅为0.2~0.3毫米，所以又被称为"蛋壳陶"。高柄杯通体磨光，杯座表面还有密布的戳印纹或镂雕等，制作工艺高超，器物造型精美。它们仅出土于大汶口文化少数大、中型墓葬之中，不见于小型墓中，充分表明它是一种高贵用品，非常人可以享用，虽然以陶器面目出现，但绝非日常用具，而应是与贵重玉器一样，是当时显示身份的重要礼器。

　　与其他几个地区相似，龙山文化人们对卜骨的制作也获得了初步的认识。城子崖龙山文化层中出土的卜骨，多经过

刮治，胛骨的骨面更加平整，骨面厚薄均匀[30]。从尚庄等遗址出土的卜骨来看，当时也是直接灼烧，无钻无凿痕迹[31]。

龙山时期各地纷纷涌现出规模不同的城堡建筑，海岱地区也有这方面的发现。这里的城堡数量占史前城址发现总量的近1/4，在这些城址内也发现了重要的祭祀遗迹等。景阳岗龙山城址，呈西南—东北向，长约1200米，宽约320米，面积约38万平方米，在山东地区发现的十余座龙山文化城址中，是面积较大的一处。城内筑有大小两座台基，大台基位于中部略偏南，平面呈长方形，面积9万多平方米。小台基位于大台基之北，形状与大台基相同，面积只有1万多平方米。小台基上虽未见房址，但一部分灰坑内放置牛、狗的骨架或部分狗、羊头骨及肢骨等。这些迹象表明小台基本身可能就是一座祭祀遗迹[32]（图六）。与城址奠基有关的祭祀遗迹也有发现。边线王城址内，在城墙基槽夯土层之内发现一些人工挖出的小坑，内置完整的人、猪、狗骨架和可复原的陶器等，被认为是修筑城墙时的奠基坑[33]。

海岱地区史前祭祀也以墓内祭祀为主要方式。后李文化墓葬中，大蚌壳常作为死者陪葬用品，而北辛文化中则有以陶片覆盖死者头部的特殊习俗。北辛文化存在坑内埋藏猪骨的祭祀现象。大汶口文化墓葬中，墓主多见手握獐牙或持獐牙勾形器、随葬数量不同的猪，同时也见用猪单独作为祭祀的现象，很有地域特色。龟甲、骨雕筒、刻符陶尊、白陶等也是本地独具特色的祭祀用品，陶尊刻画符号以日、月、山等形象组合在一起，施于陶尊明显部位，具有特殊的用意。对一些特殊人员使用特殊的葬式，是本地区有别于其他地区的葬俗之一。

龙山文化也有专用的石质或土质祭祀场所，或位于墓地或城址内，也见埋葬动物的兽坑等，城墙夯土内也见奠基坑。一些墓葬形制特别，人骨摆放异常，是对不同死者的特殊处理的结果。本时期也见卜骨，经过简单刮治，只灼无钻凿。墓葬内的薄胎黑陶高柄杯成为龙山时期的代表性器物，应是专为埋葬制作的礼器。这个时期的祭祀传统基本与大汶口时期相差不大。

（节选自《北方史前祭祀文化》，原载中国国家博物馆综合考古部编：《纪念国博百年考古文集》，科学出版社，2012年）

注释：

[1] 济青公路文物工作队：《山东临淄后李遗址第三、四次发掘简报》，《考古》1994年第2期。

[2] 中国社会科学院考古研究所山东队等：《山东滕县北辛遗址发掘报告》，《考古学报》1984年第2期。

[3] 山东省文物管理处、济南市博物馆编：《大汶口》，文物出版社，1974年。

[4] 南京博物院：《江苏邳县四户镇大墩子遗址探掘报告》，《考古学报》1964年第2期。

[5] 杨泓：《逝去的风韵——杨泓谈文物》，中华书局，2007年。

[6] 吴汝祚：《大汶口文化獐牙勾形器和象牙雕筒文化含意考释》，《东南文化》1988年第1期。

[7] 王永波：《獐牙器——原始自然崇拜的产物》，《北方文物》1988年第4期。

[8] 栾丰实：《大汶口文化的骨牙雕筒、龟甲器和獐牙勾形器》，《海岱地区考古研究》，山东大学出版社，1997年。

[9] 南京博物院：《江苏邳县刘林新石器时代遗址第二次发掘》，《考古学报》1965年第2期。

[10] 中国科学院考古研究所山东队：《山东曲阜西夏侯遗址第一次发掘报告》，《考古学报》1964年第2期。

[11] 中国社会科学院考古研究所编著：《胶县三里河》，文物出版社，1988年。

[12] 山东省博物馆等：《邹县野店》，文物出版社，1985年。

[13] 中国科学院考古研究所山东队：《山东曲阜西夏侯遗址第一次发掘报告》，《考古学报》1964年第2期。

[14] 中国社会科学院考古研究所编著：《胶县三里河》，文物出版社，1988年。

[15] 南京博物院：《江苏邳县四户镇大墩子遗址探掘报告》，《考古学报》1964年第2期。

[16] 山东省博物馆等：《邹县野店》，文物出版社，1985年。

[17] 中国社会科学院考古所山东工作队：《西夏侯遗址第二次发掘

报告》，《考古学报》1986年第3期。

[18] 山东省文物管理处、济南市博物馆编：《大汶口》，文物出版社，1974年。

[19] 山东省文物考古研究所等：《山东莒县陵阳河大汶口文化墓葬发掘简报》，《史前研究》1987年第3期。

[20] 山东省文物考古研究所等：《莒县大朱家村大汶口文化墓葬》，《考古学报》1991年第2期。

[21] 山东省考古研究所等：《山东莒县杭头遗址》，《考古》1988年第12期。

[22] 诸城县文化馆任日新：《山东诸城县前寨遗址调查》，《文物》1974年第1期。

[23] 中国社会科学院考古研究所编著：《蒙城尉迟寺——皖北新石器时代聚落遗存的发掘与研究》，科学出版社，2001年。

[24] 唐兰：《关于江西吴城文化遗址与文字的初步探索》，《文物》，1975年第7期。

[25] 邵望平：《远古文明的火花——陶尊上的文字》，《文物》1978年第9期。

[26] 高广仁：《大汶口文化的社会性质》，《大汶口文化讨论文集》，齐鲁书社，1979年。

[27] 中国社会科学院考古研究所编著：《胶县三里河》，文物出版社，1988年。

[28] 中国社会科学院考古研究所山东队：《山东省长岛县砣矶岛大口遗址》，《考古》1985年第12期。

[29] 中国社会科学院考古研究所编著：《胶县三里河》，文物出版社，1988年。

[30] 李济等：《城子崖（山东历城县龙山镇黑陶文化遗址）》，《中国考古报告集之一》，1934年。

[31] 山东省博物馆等：《山东茌平县尚庄第一次发掘简报》，《文物》1978年第4期。

[32] 山东省文物考古研究所等：《山东阳谷县景阳岗龙山文化城址调查与试掘》，《考古》1997年第5期。

[33] 杜在忠：《边线王龙山文化城堡的发现及其意义》，《中国文物报》1988年7月15日。

横空出世

　　焦家遗址是在探讨中华文明起源国家行动的关键阶段被发现的远古遗址，填补了鲁北地区大汶口文化中晚期阶段聚落形态研究的空白，它的横空出世为探究黄河下游地区古代社会的发展演变进程提供了珍贵的线索。遗址 1987 年被发现，1992 年被列入省级重点文物保护单位。2016—2017 年，山东大学历史文化学院对该遗址进行了两次发掘，发现大汶口文化夯土城墙、护城壕沟、墓葬、祭祀坑等遗迹，出土了大量陶器、玉器、骨器等文物，年代距今约 5300—4600 年。大汶口文化为龙山文化的直接源头。

焦家遗址地理环境

　　焦家遗址位于济南市章丘区西北20公里处，南距著名的龙山和岳石文化遗址——城子崖仅约5公里。遗存时代主要为大汶口文化中晚期阶段，遗址总面积超过100万平方米。

专家学者考察遗址发现

　　自 2016 年遗址发现和发掘以来，先后有国家文物局、山东省文物局、中国社会科学院、北京大学等机构的专家学者到焦家遗址参观指导。

北京大学李伯谦教授、中国考古学会理事长王巍研究员考察焦家遗址

北京大学赵辉教授等考察焦家遗址

中国社会科学院考古研究所所长陈星灿研究员考察焦家遗址

中国社会科学院、北京大学、南京博物院专家考察焦家遗址

美国耶鲁大学人类学系主任文德安教授考察焦家遗址

荷兰莱顿大学考古学院副院长 Kolfschoten 教授考察焦家遗址

"2017 章丘焦家遗址保护" 现场论证会

2016 年度焦家遗址考古队合影

焦家遗址大汶口文化陶器基本组合

大汶口文化陶器早期多见红陶，灰陶及黑陶少见，中期以红陶和褐陶为主，出现少量灰陶、黑陶，晚期红陶、褐陶、灰陶、黑陶、白陶各占一定比例，其中白陶成为其地域特色陶器之一。纹饰有乳丁纹、刻画纹、附加堆纹、篮纹等，还有黑、红、白等色绘出的彩陶花纹。典型器有各种鼎、豆、鬶、杯、壶、背壶、盉等，造型丰富多变。

红陶鬶

文物编号 M57：22
高 20.5 厘米
大汶口文化
距今约 5300 年—4600 年
山东济南章丘焦家出土

鬶是一种有把手、带三足和开放式流口的器具，产生于新石器时代，是大汶口文化和龙山文化的代表器形之一。陶鬶是远古时期人们用来烧水或温酒的容器，有红陶、黑陶、灰陶和白陶等不同质地，根据腿足的差别还可以分为实足鬶和空袋足鬶等形式。大汶口文化陶鬶的造型通常分为三段，上部是筒状

的流口，中部是圆腹，下部是袋足或实足，四足动物的特征较强。龙山文化陶鬶圆腹特征消失，口部以下接三个肥大的袋足，顶部的流口灵活伸展、昂首向上，完全模仿鸟首的形神，造型似正在引吭高歌并振翅欲飞的鸟儿，带有强烈的象征意义。

红陶鬶正面

红陶鬶背面

白陶鬶

文物编号 M147：11
腹径 14.3 厘米，高 26.2 厘米
大汶口文化
距今约 5300 年—4600 年
山东济南章丘焦家出土

白陶鬶侧面

白陶鬶背面

陶鬶呈灰白色，鸟喙形流口，斜向伸展于器身前部。圆环形提梁，上联颈部，下接器身，表面按压成绞索状。腹部略呈扁圆形球状，腰部有一周横向附加堆纹，表面压印成花边形的装饰。三个肥大的空袋足，呈鼎立形式均匀分布于腹部下方。

陶鬶是远古时期人们用来烧水或温酒的容器，白陶鬶则是这类器形中的稀有物种。它们以高岭土制作，经1000℃以上的窑温烧造而成，胎壁轻薄，质地坚硬。白陶鬶并非实用器，它可能被置于比较重要的场合，具有礼器的功能。

红陶鼎

文物编号 M57：14
口径 11.7 厘米，腹径 15.7 厘米，底径 7 厘米，高 14.8 厘米
大汶口文化
距今约 5300 年—4600 年
山东济南章丘焦家出土

  鼎起源于中国新石器时代，在各地的考古学文化中均多有发现，以三足为特征，器身多为圆形，青铜时代的鼎少量为方形四足，口部有耳。鼎原为炊器，进入历史时期以后逐渐演变为宗庙内铭记功绩的礼器，也常作为陪葬的明器。鼎在中国古代具有很重要的象征意义，传说夏禹铸九鼎，成为传国重器，后来被作为王位或国家政权的象征。中国传统文化中有很多与鼎相关的成语，如一言九鼎、问鼎中原、三足鼎立、钟鸣鼎食等，足见鼎这种器物对人们的思想观念具有深远的影响力。

红陶鼎

文物编号 M206：15
口径 10.6 厘米，腹径 12.4 厘米，底径 7.7 厘米，高 13.2 厘米
大汶口文化
距今约 5300 年—4600 年
山东济南章丘焦家出土

折腹罐形鼎，夹细砂红陶，折沿，折腹，平底，扁凿形足。器身泥条盘筑而成，再经慢轮修整，底部与器身有粘接痕迹。腹部以上施红陶衣，折腹以下用工具刮抹成毛糙面，局部胎质暴露。造型与同时期的折腹罐相近。

灰陶背壶

文物编号 M55：19
口径 12.4 厘米，腹径 23.5 厘米，底径 10.3 厘米，高 32.9 厘米
大汶口文化
距今约 5300 年—4600 年
山东济南章丘焦家出土

　　陶背壶是黄河下游地区大汶口文化的特有器形，属于汲水器，应是人们出行时背在身上的水具。背壶的造型多呈小口，长颈，鼓腹，小平底。为了缓解负载时壶身对人身背部的压迫，背壶贴身一侧的器腹通常按压成扁平状，另一侧腹面则保持圆鼓状，扁平面腹部的两侧有宽大的双耳，圆鼓面则有喙状或鸡冠状的凸钮。背壶多素面无纹饰，有黑、灰、红、白等不同胎质，少量有黑、红、白等彩绘。至大汶口文化晚期，陶背壶的器形越来越小，常施以彩绘，逐渐失去了实用功能，多数成为墓葬内的陪葬明器。

红陶背壶

文物编号 M55：28

口径 13.4 厘米，腹径 26.2 厘米，底径 11.3 厘米，高 34 厘米

大汶口文化

距今约 5300 年—4600 年

山东济南章丘焦家出土

泥质陶夹少量云母，胎质外红内灰。器表经打磨修整素面。
侈口，长颈，圆鼓腹，下腹斜收，背部两侧各有一桥形耳，正
面有一个鼻形钮，耳鼻与器身相接处有套接痕迹。

红陶壶

文物编号 M202：6

口径 10.5 厘米，腹径 22.8 厘米，底径 10.5 厘米，高 25.6 厘米

大汶口文化

距今约 5300 年—4600 年

山东济南章丘焦家出土

　　泥质红陶，侈口，短颈，圆球形腹，小平底。器表素面磨
光，外壁普遍施一层红陶衣。

红陶壶

文物编号 M206：10
口径 13 厘米，腹径 24.1 厘米，底径 10.3 厘米，高 27.5 厘米
大汶口文化
距今约 5300 年—4600 年
山东济南章丘焦家出土

红陶壶

文物编号 M91：37
口径 7 厘米，腹径 15 厘米，底径 5.8 厘米，高 15 厘米
大汶口文化
距今约 5300 年—4600 年
山东济南章丘焦家出土

泥质红陶，手制而成，敞口，圆唇，圆腹，肩部有一对小
耳附带细穿孔。通体素面磨光，口部有一圈彩绘。

彩陶壶

文物编号 M91：43
口径 9.3 厘米，腹径 14.2 厘米，底径 4 厘米，高 14.9 厘米
大汶口文化
距今约 5300 年—4600 年
山东济南章丘焦家出土

侈口，束颈，垂腹，小平底。轮制而成，两耳手制粘接。腹部外壁饰四个对称分布的黑色心形图案，口沿内外皆有花瓣形彩色纹饰。彩陶纹样简单，只饰于器身的边沿或个别部位，应该代表彩陶作风逐渐退化的一种趋势。

灰陶背壶

文物编号 M198：26
口径 14.9 厘米，腹径 30.6 厘米，底径 11.2 厘米，高 31.1 厘米
大汶口文化
距今约 5300 年—4600 年
山东济南章丘焦家出土

泥质灰陶，侈口，短颈，鼓腹，小平底。器表经打磨修整
素面。腹部中央有横向的窄凸棱一周，凸棱处左右对称有一对
舌形錾，上腹部两錾之间有鼻形钮。

灰陶镂孔豆

文物编号 M45：2
口径 20.4 厘米，底径 12.7 厘米，高 17.3 厘米
大汶口文化
距今约 5300 年—4600 年
山东济南章丘焦家出土

泥质灰陶，泥条盘筑而成，器表素面磨光。浅盘，敞口，
下接喇叭口形豆座，豆柄侧面透雕小圆孔。

灰陶镂孔豆

文物编号 M204：26
口径 24.7 厘米，底径 17.7 厘米，高 22.2 厘米
大汶口文化
距今约 5300 年—4600 年
山东济南章丘焦家出土

　　泥质灰陶，器表磨光。豆盘较深，呈折腹双腹豆造型，上腹外敞，下腹呈曲腹钵形。豆柄部有三组弦纹，上组三道，中下组弦纹各两道。弦纹之间有镂空，有圆形、弧线三角及长条状。底部为圈足。折腹形豆盘的陶豆在长江流域的屈家岭文化可以找到相似的器物。

　　豆为古代食器，形似高足盘状，有的带盖，新石器晚期出现，历史时期继续延用，也有青铜或漆器的豆，成为礼器的一种。大汶口文化的豆造型多变，质地也有区别，除了红、黑、灰，还有少见的白陶豆。这个时期流行镂孔豆，即在豆的豆柄部位用透雕的形式作出不同形状的镂孔，使豆座看起来更加灵动剔透，比较简单的是一到数个圆孔，还有比较复杂的弧线几何形，与南方地区崧泽文化的装饰风格在工艺上有颇多相似性。

灰陶镂孔豆

文物编号 M147：14
口径 19.7 厘米，底径 13.6 厘米，高 16.1 厘米
大汶口文化
距今约 5300 年—4600 年
山东济南章丘焦家出土

红陶罐

文物编号 M206：16
口径 9.8 厘米，腹径 11.4 厘米，底径 6 厘米，高 11.6 厘米
大汶口文化
距今约 5300 年—4600 年
山东济南章丘焦家出土

　　夹砂红陶，泥条盘筑而成，再经慢轮修整，卷沿，折腹，下腹斜收小平底。上腹及口沿饰红色陶衣，底与器身拼接而成，折腹处有明显粘接痕迹，下腹部用工具刮抹形成毛糙面并留下大量刮痕。造型与同时期的罐形鼎相近。

灰陶罐

文物编号 M156：6
口径 8.8 厘米，腹径 11.8 厘米
底径 5.8 厘米，高 9 厘米
大汶口文化
距今约 5300 年—4600 年
山东济南章丘焦家出土

泥质灰陶，敛口，折腹，平底，折腹一侧有斜向上翘的短宽把手一只。

红陶带盖圆腹罐

文物编号 M91：24
口径 4.4 厘米，腹径 8.1 厘米，底径 3.1 厘米，通高 6 厘米
大汶口文化
距今约 5300 年—4600 年
山东济南章丘焦家出土

泥质红陶，轮制。敛口，鼓腹，小平底，口沿外侧均匀分布三个勾状凸钮，罐顶部有覆碟形盖子，以子母口与罐身相扣合。器身通体素面磨光，造型与工艺与该墓内共同出土的带盖黑陶罐极为相似，一红一黑，相映成趣，应为当时专门成对随葬的用具。

黑陶罐

文物编号 M188：46
口径 11 厘米，腹径 16 厘米，底径 8 厘米，高 12 厘米
大汶口文化
距今约 5300 年—4600 年
山东济南章丘焦家出土

　　泥质黑陶，泥条盘筑法制成并经慢轮修整。直口，折腹，平底，腹部两侧有两个对称短把手，折腹处有明显的粘接痕迹。器表大部分素面磨光，但是腹部折棱处装饰一周戳印纹。除了两个短把手以外，罐的形制与同时期的罐形鼎颇为相近，可能也兼作炊器。

褐陶盉

文物编号 M183：20
口径 6.8 厘米，腹径 13.6 厘米，底径 7.4 厘米，高 10.6 厘米
大汶口文化
距今约 5300 年—4600 年
山东济南章丘焦家出土

　　泥质褐陶，泥条盘筑，慢轮修整，素面磨光。器身呈圆腹，小平底造型。圆形口，大小与底部相当，口内敛，口沿外侧上腹部处有一个斜伸的管状粗流。盉是中国古代盛酒水的器具，青铜时代的盉一般深腹，有长流，底部有三足或四足，使用时用水来调和酒味的浓淡。新石器时代大汶口文化已经有白陶鬶、白陶杯等酒具，陶盉功能应与此相关。

红陶瓶

文物编号 H280：4、H280：5
口径 10.6 厘米，底径 8.8 厘米，通高 26 厘米
大汶口文化
距今约 5300 年—4600 年
山东济南章丘焦家出土

　　泥质红陶，瓶身以泥条盘筑法制成，瓶盖轮制而成。器表
素面，敞口，长颈，折肩，直腹，矮圈足。口部有三个小钮。
瓶盖呈覆碗形，顶部有喇叭形捉手。

红陶瓶

文物编号 H280：10、H280：11
口径 10.3 厘米，底径 8.2 厘米，通高 25 厘米
大汶口文化
距今约 5300 年—4600 年
山东济南章丘焦家出土

灰陶大口尊

文物编号 M91：16
口径 28.1 厘米，腹径 28.9 厘米，底径 9.4 厘米，高 35.8 厘米
大汶口文化
距今约 5300 年—4600 年
山东济南章丘焦家出土

　　夹砂灰陶，手制。侈口，折沿，上腹较直，下腹急收为小平底。口部与腹部有凸棱装饰。器表遍饰斜向篮纹。大汶口陶尊多形体较大、筒形深腹、厚壁、尖底、器表饰篮纹等外观装饰成为普遍特征。有些陶尊的外壁还刻有斧钺、日、月、山、树等不同的几何符号，这些刻画符号一般只是单独出现，陶尊多竖立于墓主人的脚端，刻画符号朝向墓主人，部分符号还有涂朱痕迹。这些符号通常被视作与文字萌芽相关的证据。

红陶钵

文物编号 M151：10

口径 16.7 厘米，腹径 17.3 厘米，底径 7.5 厘米，高 8.8 厘米

大汶口文化

距今约 5300 年—4600 年

山东济南章丘焦家出土

直壁，曲腹，下腹内收成平底。表面有红色陶衣，素面磨光。

灰陶高柄杯

文物编号 M198：8
口径 9.5 厘米，底径 8.4 厘米，高 21.6 厘米
大汶口文化
距今约 5300 年—4600 年
山东济南章丘焦家出土

　　高柄杯的杯身与杯柄连体制作而成，杯圆形敞口、
束腰、底角折收与柄相接。柄部瘦高，由杯底向下逐渐
加粗，空心筒形，外壁对称分布有两组四个成排的圆形
镂孔和两个三角形镂孔，底部为盘状圈足。器表面磨光。
此种高柄杯再向后发展则演变为龙山时代的蛋壳黑陶高
柄杯，并分化出高低不等的多种形式，器形非常精巧规
整，色泽漆黑光亮，最薄处仅为 0.2—0.3 毫米。高柄杯
多出土于少数大、中型墓葬之中，显然是一种高贵用品，
应是一种标志身份的礼器。

红陶高足杯

文物编号 M6：33
口径 6.7 厘米，底径 6.7 厘米，通高 20.3 厘米
大汶口文化
距今约 5300 年—4600 年
山东济南章丘焦家出土

　　泥质红陶，由高足杯和器盖组合而成，杯直口、圆唇、宽
平沿，碗状杯身，柱状柄转喇叭型圈足，柄部纵向排列成行的
六个小圆孔。泥条盘筑，杯身与圈足间有粘接痕迹。通体素面，
局部经刮抹平整。

灰陶高足杯

文物编号 M210：2
口径 6.4 厘米，底径 7.5 厘米，高 12.8 厘米
大汶口文化
距今约 5300 年—4600 年
山东济南章丘焦家出土

灰陶觚形杯

文物编号 M90：15
口径 10.2 厘米，底径 8 厘米，高 14.6 厘米
大汶口文化
距今约 5300 年—4600 年
山东济南章丘焦家出土

泥质灰陶，敞口，腹部束腰，圈足底有三个扁长方形足。
腰部有三道凹弦纹，近底部腹壁有凹槽。

白陶单耳杯

文物编号 M92：14
口径 11.9 厘米，底径 9.2 厘米，高 11.2 厘米
大汶口文化
距今约 5300 年—4600 年
山东济南章丘焦家出土

　　夹细砂白陶，手制并经慢轮修整，表面磨光。侈口，直壁，平底，杯身中部略呈束腰状，一侧有扁环形横耳。外壁近底处有一周浅凹槽。

白陶单耳杯

文物编号 M206：21
口径 12.6 厘米，底径 9.9 厘米，高 13.5 厘米
大汶口文化
距今约 5300 年—4600 年
山东济南章丘焦家出土

红陶单耳杯

文物编号 M210：21
口径 8 厘米，腹径 10.4 厘米，底径 4.5 厘米，高 12.4 厘米
大汶口文化
距今约 5300 年—4600 年
山东济南章丘焦家出土

　　侈口，束颈，垂鼓腹，平底，腹部一侧带环状把手。

褐陶单耳杯

文物编号 M179：39
口径 8 厘米，腹径 11.2 厘米，底径 6.2 厘米，高 8 厘米
大汶口文化
距今约 5300 年—4600 年
山东济南章丘焦家出土

　　侈口，束颈，折腹，平底，上腹部侧面带环状把手，
上联口部，下与折腹处相接。此类陶杯在龙山时期仍
然延用，成为黑陶杯的典型形式之一。

焦家遗址大汶口文化玉器基本组合

　　大汶口文化墓葬随葬品中陶器和玉器并重，玉器包括玉钺、玉刀等礼器，以及玉镯、玉指环、玉环、玉管和玉坠饰等装饰品，装饰品是玉器的主要种类。焦家遗址应代表了黄河流域一处极为重要的治玉和用玉中心。

M91 墓中陪葬的全部玉器

　　随葬品中玉器种类丰富，有玉镯、绿松石镯、玉环、玉指环、绿松石坠饰、高体玉环等，均为装饰品，未见玉钺等权力标志的大型礼器。墓主应为一名女性，可见当时除了大小墓葬之间存在着随葬品的多寡有无以外，对于男女不同性别死者在礼仪制度上也按照不同的标准和规则进行区别。在中国新石器时代的许多地域，男性从事农业生产或渔猎活动，女性从事制陶或纺织等活动，是男耕女织社会分工的早期体现，因此墓地中都存在着按照男女社会分工的差别而随葬不同生产生活用具的现象，最常见的就是男性随葬石斧、石刀、石锛等工具，女性随葬纺轮等器具。焦家大汶口文化墓葬显然也具有这样的特征，并且在内容和制度方面更为完备。

大型墓 M91

M91 墓内随葬的玉器（局部）

玉镯

文物编号 M91：54

外径 11.3 厘米

大汶口文化

距今约 5300 年—4600 年

山东济南章丘焦家出土

　　玉镯佩戴于人的手臂处，分为三种形式，一种为圆盘形，中部有大孔，一种为圆箍状，另有一种为四角环状。镯体薄厚宽窄不同，局部保留较多加工痕迹，如切割的断口、边缘的磕缺等，器身或中孔形状不圆整等，似为了陪葬而临时制作的迹象。此件为盘状玉镯，磨制不圆整，平面近圆角方形，留有方形玉材向圆形成品转化的痕迹。

玉镯侧面钻孔

玉镯

文物编号 M91：48
外径 6 厘米
大汶口文化
距今约 5300 年—4600 年
山东济南章丘焦家出土

　　玉质白色，圆箍状，加工精致，边角均磨制光滑，断口处两侧有加钻的小孔进行修复，显示出佩戴者对其十分珍视。

玉镯

文物编号 M91：56
外径 7.5 厘米
大汶口文化
距今约 5300 年—4600 年
山东济南章丘焦家出土

玉镯

文物编号 M91：49
外径 5.4 厘米，内径 4.1 厘米，厚 1.7 厘米
大汶口文化
距今约 5300 年—4600 年
山东济南章丘焦家出土

　　玉质白色，圆箍状，边缘经粗略修整，
镯体内缘呈方形角，外缘磨圆。

玉镯

文物编号 M91：57
外径 9 厘米
大汶口文化
距今约 5300 年—4600 年
山东济南章丘焦家出土

此件玉质白色，圆箍状，内缘平滑，外缘打磨成圆弧状。

玉镯

文物编号 M91：55
外径 8 厘米
大汶口文化
距今约 5300 年—4600 年
山东济南章丘焦家出土

玉质墨绿，呈圆箍状，边缘经粗略修整，镯体内外缘均呈方形角。

玉环

文物编号 M91：45
外径 7 厘米
大汶口文化
距今约 5300 年—4600 年
山东济南章丘焦家出土

　　佩饰，较薄，圆形，中有一孔。环边缘
不圆整，环面磨制不精，尚留下切割时的剥
落面。

玉环

文物编号 M91：46
外径 6 厘米
大汶口文化
距今约 5300 年—4600 年
山东济南章丘焦家出土

　　佩饰，较薄，圆形，中有一圆孔，中孔
两侧有斜对的两个小穿孔。

玉环

文物编号 M91：50
外径 5 厘米
大汶口文化
距今约 5300 年—4600 年
山东济南章丘焦家出土

玉指环

文物编号 M91：44
外径 4.5 厘米
大汶口文化
距今约 5300 年—4600 年
山东济南章丘焦家出土

玉质白色，表面多处沁蚀痕迹，中孔内壁平直，环外缘大部分磨成圆弧形，但下缘为平底状。独特之处是在环外缘一侧面雕琢出一只完整的卧蝉的形象，以线刻手法绘出头、身、羽、尾等部位，生动传神，蝉体前的环身上还横向透钻一个小圆孔。玉蝉的实物形象最早发现于距今约 8000 年前的新石器时代兴隆洼文化，红山文化也有玉蝉，此后的各个历史时期均发现有不同形式的实物，说明人们对蝉这种动物十分钟爱，在古人的观念中，蝉能"饮而不食、蜕变再生"，其神奇的生长过程寓意了重生和羽化等美好愿望。

玉指环正面

玉指环侧面

高体玉环

文物编号 M91：47
外径 4.9 厘米，高 2.3 厘米
大汶口文化
距今约 5300 年—4600 年
山东济南章丘焦家出土

　　玉质白色，为两端粗细不同的管状，外
缘均束腰成轮状，中心处有大圆孔。

高体玉环

文物编号 M91：51
外径 5 厘米，高 3 厘米
大汶口文化
距今约 5300 年—4600 年
山东济南章丘焦家出土

　　玉质白色，为两端粗细不同的管状，外
缘均束腰成轮状，中心处有大圆孔。

绿松石坠饰

文物编号 M91：52
长 4 厘米，宽 1.4 厘米
大汶口文化
距今约 5300 年—4600 年
山东济南章丘焦家出土

　　长条梯形，短边处钻小穿孔。

绿松石坠饰

文物编号 M91：53
长 2.3 厘米，宽 1.4 厘米
大汶口文化
距今约 5300 年—4600 年
山东济南章丘焦家出土

　　长条梯形，短边处钻小穿孔。

大型墓 M57

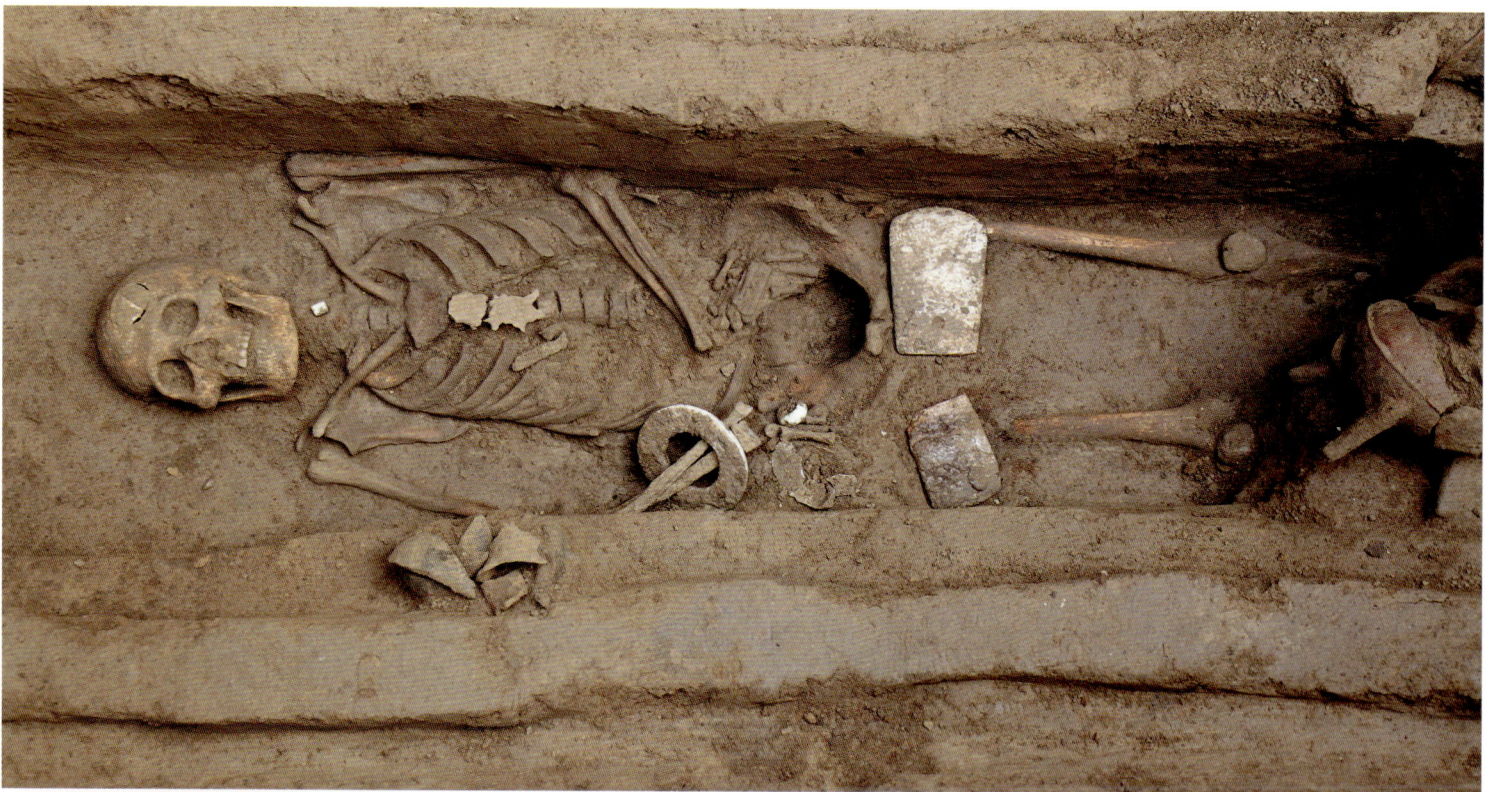

M57 墓内随葬的玉器（局部）

玉钺

文物编号 M57：4
长 15.8 厘米，宽 8.2—10.5 厘米，厚 0.8 厘米
大汶口文化
距今约 5300 年—4600 年
山东济南章丘焦家出土

　　玉质灰白色，器形对称，窄柄宽刃，刃部圆弧形，柄部有小圆孔，孔周围及柄部残留大量朱砂痕迹。

玉钺

文物编号 M57：5
长 11.4 厘米，宽 7.5—8.1 厘米，厚 0.6 厘米
大汶口文化
距今约 5300 年—4600 年
山东济南章丘焦家出土

玉镯

文物编号 M57：2
外径 13 厘米，内径 6.8 厘米
大汶口文化
距今约 5300 年—4600 年
山东济南章丘焦家出土

玉指环

文物编号 M57：6
长 1.6 厘米，外径 2.1 厘米，内径 1.8 厘米
大汶口文化
距今约 5300 年—4600 年
山东济南章丘焦家出土

　　玉质浅褐色，沁蚀不严重，基本保留玉
材的天然质感。短筒形，壁薄，内外抛光。

玉指环

文物编号 M57：3
外径 3.5 厘米，内径 1.9 厘米，厚 1.6 厘米
大汶口文化
距今约 5300 年—4600 年
山东济南章丘焦家出土

玉管

文物编号 M57：47
长 1 厘米，直径 1 厘米
大汶口文化
距今约 5300 年—4600 年
山东济南章丘焦家出土

玉管

文物编号 M57：1
长 1.6 厘米，体径 1.2—1.3 厘米
大汶口文化
距今约 5300 年—4600 年
山东济南章丘焦家出土

中型墓 M166

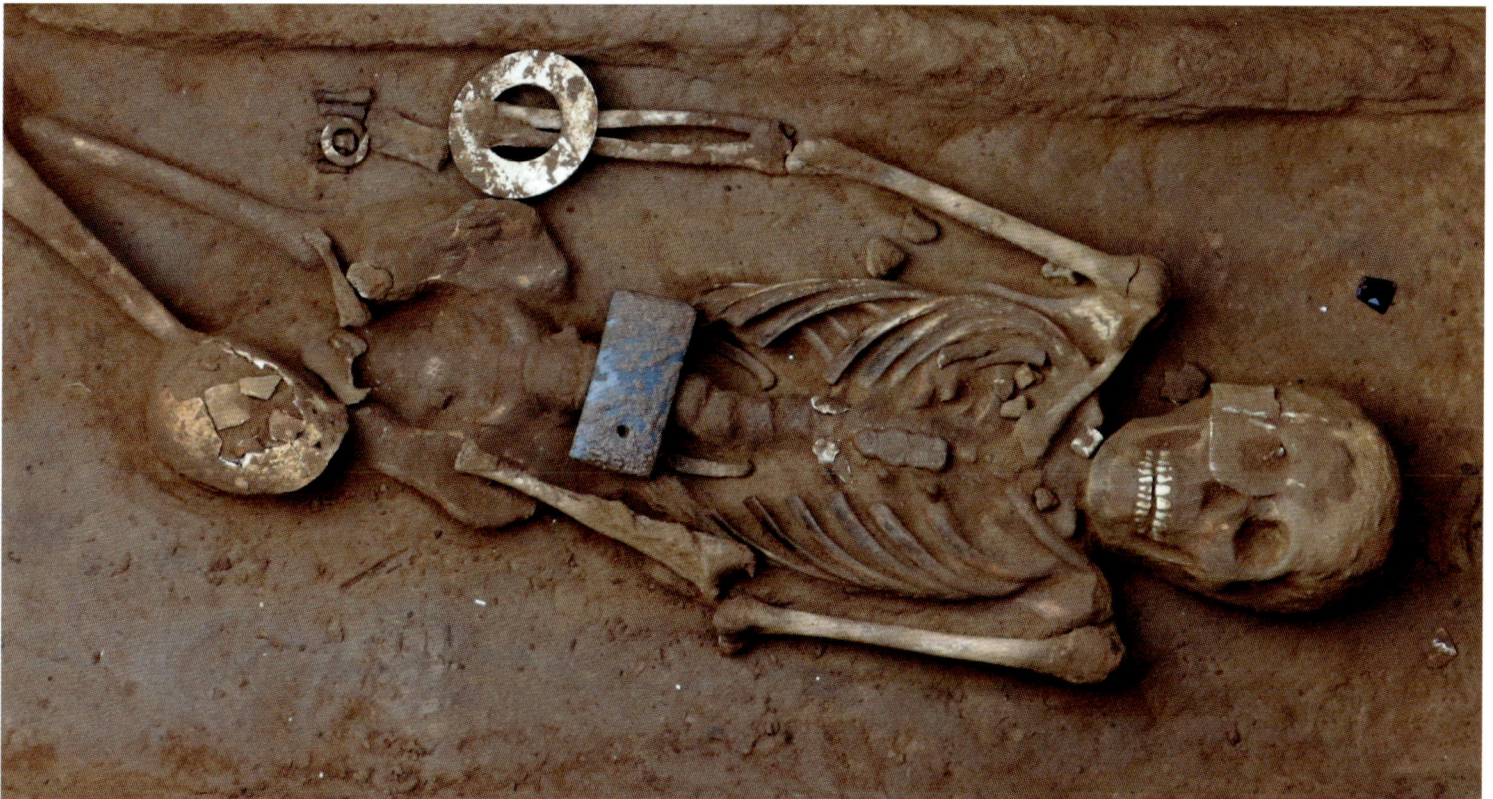

M166 墓内随葬的玉器（局部）

玉钺

文物编号 M166：7
长 12.2 厘米，宽 5.7—5.9 厘米，厚 0.7—1.2 厘米
大汶口文化
距今约 5300 年—4600 年
山东济南章丘焦家出土

　　长方形，一侧短边为刃，另一侧短边及器身中部各
钻一孔，中部的圆孔出土时还用一个圆形玉片加以封堵。

玉镯

文物编号 M166：4
外径 10.8 厘米，内径 6.1 厘米，厚 1.4—1.5 厘米
大汶口文化
距今约 5300 年—4600 年
山东济南章丘焦家出土

玉坠饰

文物编号 M166：1
长 2.5 厘米，宽 1.6—2.5 厘米，厚 0.1—0.2 厘米
大汶口文化
距今约 5300 年—4600 年
山东济南章丘焦家出土

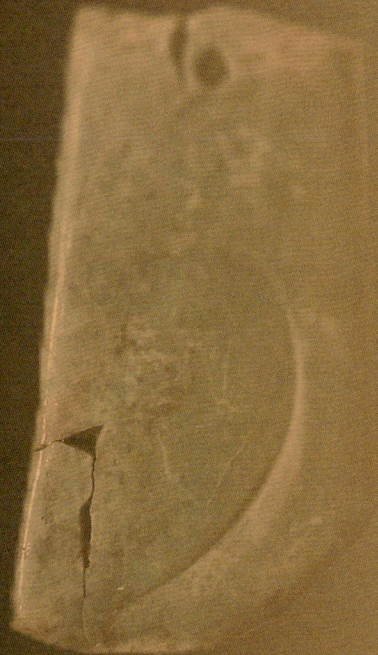

王者之城

　　中国古代统称东方各国为东国，并以远近进行区分，近者为小东，远者为大东。今天的山东地区就在大东的范围内，是传统上东方地区的代表之一。焦家遗址夯土城墙、环绕城墙的壕沟和一大批高等级墓葬，以及大批量的玉器、白陶和彩陶的发现，昭示着在大汶口文化中晚期阶段，焦家新石器时代遗址已成为距今 5000 年前后鲁北地区的中心聚落，是当之无愧的王者之城。

聚族而居

　　焦家遗址共发掘出 116 座大汶口文化房址，聚落形态经历了早期居住址 — 中期墓地 — 晚期居住址三个大的发展阶段，早期房址多为半地穴式，晚期房址多为地面式，建筑形式由早期单间房向后期联排房子的形式转变。房址面积、空间格局等信息反映了当时的社会组织结构和社会关系。大汶口时期的焦家人定居生活，经营农业和采集渔猎活动，并且掌握了制作陶器、石器、骨器等加工技术，生产生活已经处于同时代的相对发达的水平。

早期圆形房屋 F94 建筑基址

　　时代较早的居住期分布着比较有规律的半地穴式房屋。房屋有分群分组现象，面积在 5 平方米至 15 平方米之间，门道方向不固定。功能有储存、手工业作坊和居住之分。

早期房屋 F71 柱坑内的儿童骨骸

晚期大型房屋 F67 建筑基址

　　时代较晚的居住期房屋在空间分布上成列或成群分布特征明显，根据形制特征又可以分为早中晚三段：早段为基槽式单间地面建筑，面积为 15 平方米至 20 平方米；中段为基槽式两间或三间的地面式排房；晚段为柱坑套柱洞式的地面建筑，也是东西向两间或三间排房。

焦家遗址北区早期居住区房址布局图

房屋结构出现了由半地穴式到地面式的变化，同时期的房址在空间分布上较有规律，成列或成群分布的特征明显。

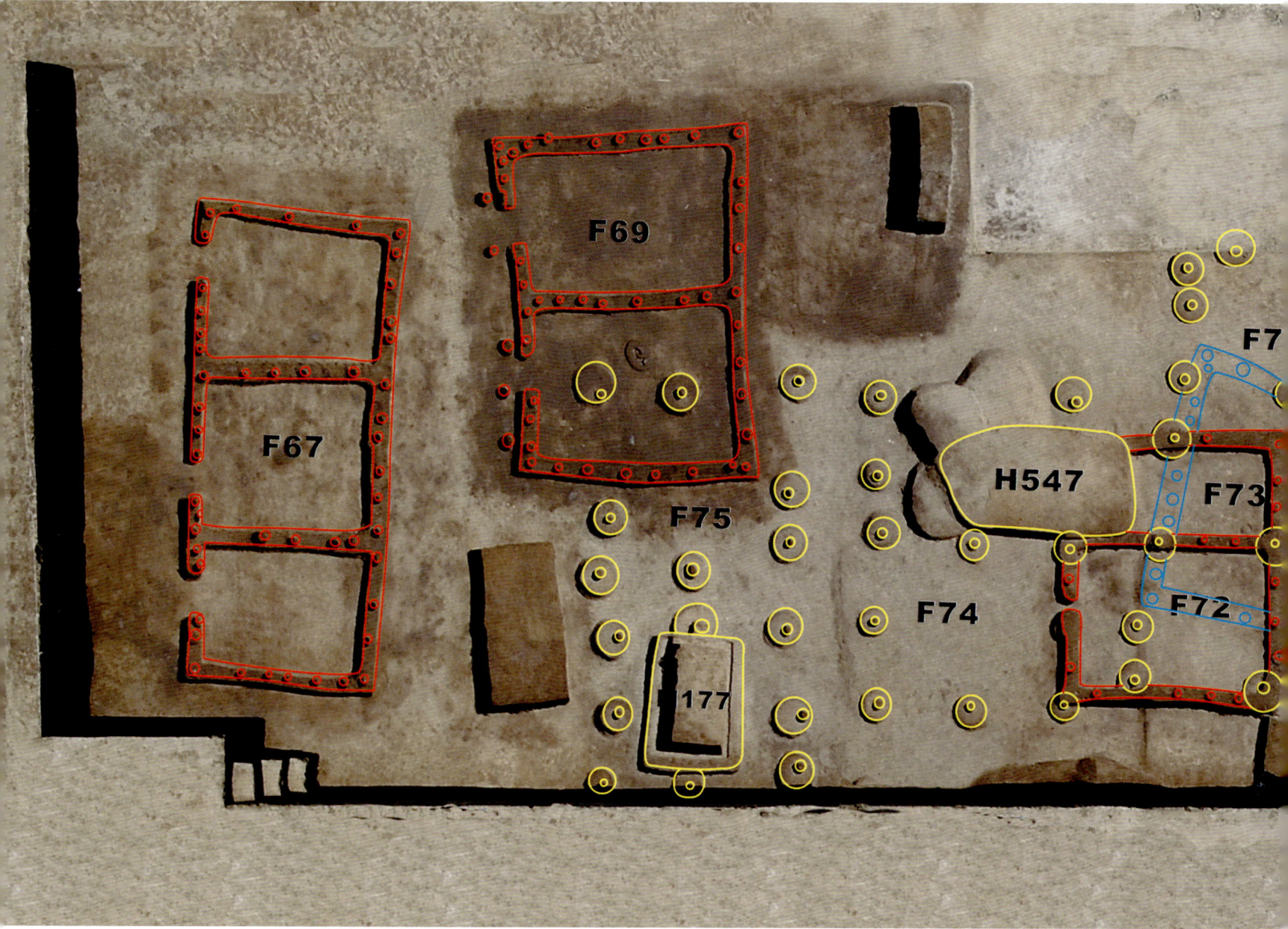

焦家遗址北区晚期居住区房址布局图
每个联排的房子居住一个小的家庭，居住更加规范，已经划分出炊爨和休息等功能区域。

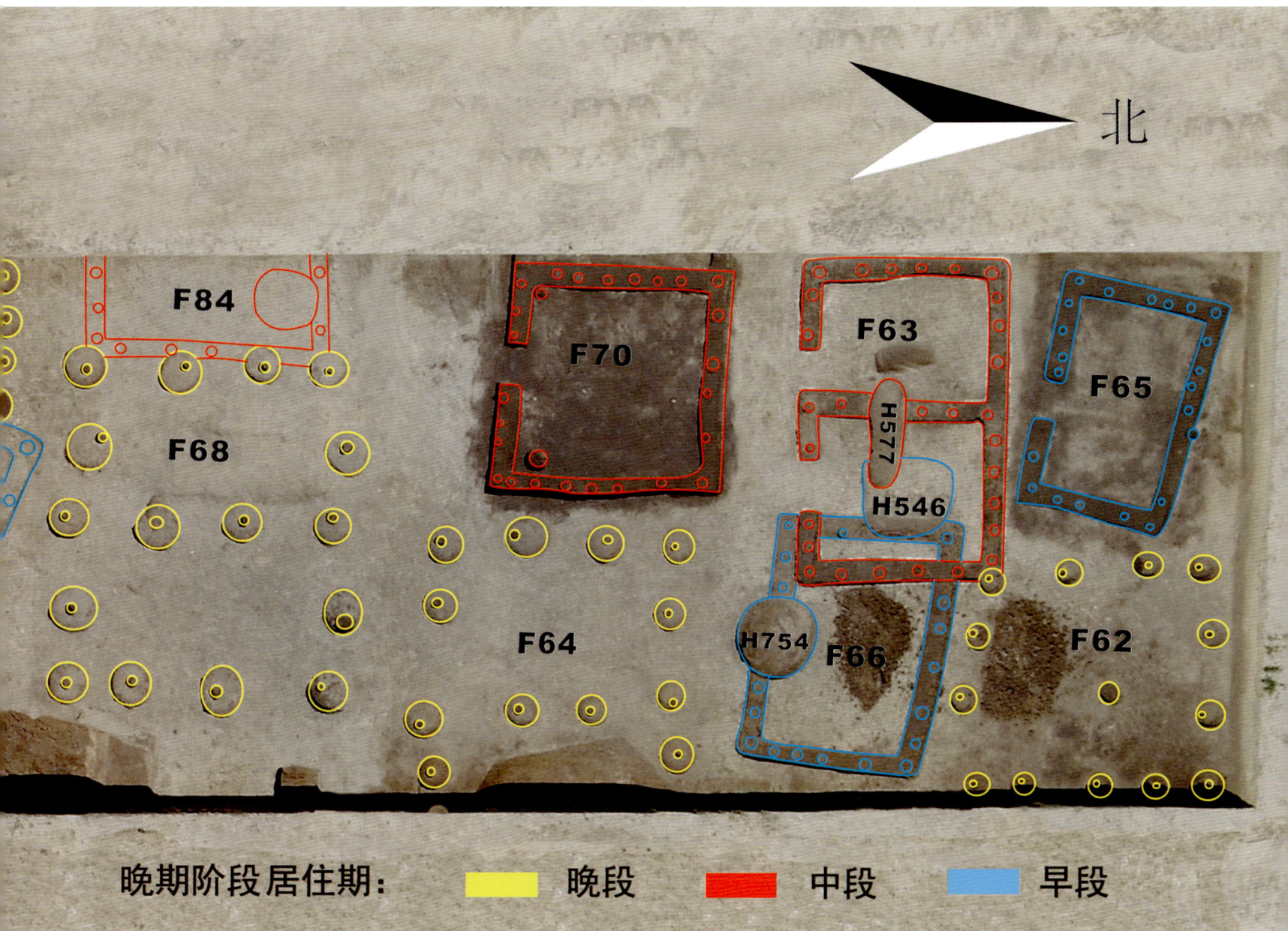

北

F84

F70

F63

F65

F68

H577

H546

F64

H754　F66

F62

晚期阶段居住期：　　晚段　　中段　　早段

炊 具

红陶鼎

文物编号 M147：15
口径 16.1 厘米，腹径 17.3 厘米
底径 9.3 厘米，高 18.5 厘米
大汶口文化
距今约 5300 年—4600 年
山东济南章丘焦家出土

夹砂红褐陶，宽折沿、折腹、三角形扁足。整体素面，腹部折曲处有一周凹弦纹和戳印纹。手制，有刮痕和轮修痕迹，口沿内外和器身上腹部打磨光滑并饰有红陶衣，下腹部素面磨光，与鼎足部相接处器身有粘接痕迹。

红陶鼎

文物编号 M57：40
口径 10.6 厘米，腹径 14.3 厘米，高 16 厘米
大汶口文化
距今约 5300 年—4600 年
山东济南章丘焦家出土

夹砂红陶，侈口、束颈、折腹、圜底，折腹处有一周凹槽和戳印纹。三只扁凿形足，足腹接合处有明显粘接痕迹。

褐陶釜

文物编号 M150：10

口径 13 厘米，腹径 17.5 厘米，底径 5.9 厘米，高 15.7 厘米

大汶口文化

距今约 5300 年—4600 年

山东济南章丘焦家出土

　　夹砂褐陶，侈口，折腹，小平底，口部两侧有对称的舌形鋬。器身经慢轮修整，折腹处有附加堆纹并加饰戳印纹，折腹以上打磨光滑，折腹以下直至底部装饰压印的交错线纹。陶釜造型与同时期的折腹罐形鼎相近。

盛 器

彩陶豆

文物编号 M91：32
口径 18.5 厘米，底径 10.7 厘米，高 15.5 厘米
大汶口文化
距今约 5300 年—4600 年
山东济南章丘焦家出土

泥质红陶，表面磨光，深腹，细柄，喇叭形底座。口沿内外及底座边缘绘黑彩条及三角纹。

红陶豆

文物编号 M91：36
口径 15.4 厘米，底径 8.8 厘米，高 10.4 厘米
大汶口文化
距今约 5300 年—4600 年
山东济南章丘焦家出土

彩陶钵

文物编号 M91：38
口径 24.6 厘米，底径 6.5 厘米，高 11.3 厘米
大汶口文化
距今约 5300 年—4600 年
山东济南章丘焦家出土

　　泥质红陶，口部微敛，弧腹，平底，素面。腹部两侧
有两个鼻形钮。口沿内外饰一周黑彩条纹。

水 器

彩绘陶背壶

文物编号 M179：21

口径 11.5 厘米，腹径 28.7 厘米，底径 10.8 厘米，高 38.2 厘米

大汶口文化

距今约 5300 年—4600 年

山东济南章丘焦家出土

泥质红陶，长颈，圆肩，鼓腹，下腹部内收成平底，上腹部有两个纵向的桥形耳，腹部一侧较平，另一侧微鼓，并有一泥突。壶肩部有彩绘，黑白彩，自上而下分别有三圈黑彩条纹，条纹之间饰斜向白彩短斜线纹。

彩绘陶背壶顶面

彩绘陶背壶侧面

彩绘陶背壶背面

黑陶背壶侧面

黑陶背壶

文物编号 M6：31
口径 9.3 厘米，腹径 14.3 厘米，底径 6.7 厘米，高 16.8 厘米
大汶口文化
距今约 5300 年—4600 年
山东济南章丘焦家出土

　　泥质黑陶，夹云母。口沿至上腹部内外均有明显的轮修痕迹。下腹部一侧圆鼓，一侧腹部扁平，均刮抹并打磨。偏向扁平腹面有双耳，扁条环形，与腹部粘接而成，耳上留有制作时的指纹痕迹。

彩绘陶单耳杯

文物编号 M57：10
口径 11.3 厘米，腹径 12.8 厘米
底径 7.6 厘米，高 9.6 厘米
大汶口文化
距今约 5300 年—4600 年
山东济南章丘焦家出土

　　侈口，束腰，折腹，平底。一侧带环形
耳。口沿内外、器耳及折腹处绘红彩条装饰。

彩绘陶单耳杯

文物编号 M57：18
口径 7.3 厘米，腹径 10.3 厘米
底径 5.8 厘米，高 7.5 厘米
大汶口文化
距今约 5300 年—4600 年
山东济南章丘焦家出土

白陶背壶

文物编号 M147：16
口径 12.9 厘米，腹径 22.2 厘米，底径 10.5 厘米，高 30.3 厘米
大汶口文化
距今约 5300 年—4600 年
山东济南章丘焦家出土

泥质白陶，形制与灰陶背壶相同，口微侈，长颈，圆肩，深腹，小平底，一侧腹部圆鼓，一侧略扁平，圆腹面中部有鼻形钮，腹部偏上两侧各有一桥形耳，颈腹间、鼻形钮和器身等处均有粘接痕迹。

灰陶背壶

文物编号 M147：17
口径 14.7 厘米，腹径 28.4 厘米，底径 10.6 厘米，高 39.8 厘米
大汶口文化
距今约 5300 年—4600 年
山东济南章丘焦家出土

泥质灰陶，侈口，长颈，圆肩，深腹，小平底，肩部有一个内填平行线的四边形图案，应是一种刻画符号。腹部两侧有对称的舌形錾手，与錾手平齐还有一周窄棱状的附加堆纹。手制，泥条盘筑。

酒 器

红陶鬶

文物编号 M57：21
高 20.5 厘米
大汶口文化
距今约 5300 年—4600 年
山东济南章丘焦家出土

此件陶鬶通体磨光，口部前端捏出短流，颈较粗矮，扁球形腹，侧装扁三角形足，器身顶部中央有粗壮的条状把手，腹部外侧饰一周横向凸棱纹，器物整体造型似一只卷尾的动物形象。

红陶鬶顶面

红陶鬶侧面

黑陶高柄杯

文物编号 M90：26
口径 7.8 厘米，底径 6.7 厘米，高 19.4 厘米
大汶口文化
距今约 5300 年—4600 年
山东济南章丘焦家出土

　　泥质黑陶，轮制而成，打磨极为光滑。侈口，杯身束腰弧腹，下腹部饰凹弦纹。柄部也磨光，呈竹节状，中空，中部略粗，外壁饰多道弦纹组合圆形和三角形镂孔。圆盘状杯座，直径与杯口相当。

黑陶单耳觚形杯

文物编号 M90：9
口径 9 厘米，底径 7.6 厘米，高 13.7 厘米
大汶口文化
距今约 5300 年—4600 年
山东济南章丘焦家出土

　　泥质黑陶，掺杂少量云母，手制，慢轮修整，杯身及把手有明显指纹。喇叭形敞口，束腰，平底略凹，杯底大于杯身，留有宽出的棱和浅槽。杯身侧面有一把手，粘接而成。通体素面磨光。杯口内壁有明显轮旋痕，杯底部有偏心螺线。

褐陶高足杯

文物编号 M187：27
口径 9 厘米，底径 9.5 厘米，高 13.5 厘米
大汶口文化
距今约 5300 年—4600 年
山东济南章丘焦家出土

白陶单耳杯

文物编号 M91：6
口径 11 厘米，底径 9.6 厘米，高 11 厘米
大汶口文化
距今约 5300 年—4600 年
山东济南章丘焦家出土

红陶瓶

文物编号 H280：3
口径 10.6 厘米，底径 8.3 厘米，通高 24 厘米
大汶口文化
距今约 5300 年—4600 年
山东济南章丘焦家出土

家 畜

家犬头骨

大汶口文化
距今约 5300 年—4600 年
山东济南章丘焦家出土

家猪肢骨

大汶口文化
距今约 5300 年—4600 年
山东济南章丘焦家出土

农作物

农作物种子——粟

大汶口文化
距今约 5300 年—4600 年
山东济南章丘焦家出土

农作物种子——黍

大汶口文化
距今约 5300 年—4600 年
山东济南章丘焦家出土

农作物种子——大豆属

大汶口文化
距今约 5300 年—4600 年
山东济南章丘焦家出土

炭化粟

炭化大豆属

炭化黍

炭化葡萄属果核

焦家遗址出土部分炭化植物鉴定结果

种属	桑属	麻栎	栎属
横切面			
径切面			
弦切面			
现代植物照片			
简要介绍	桑属：落叶乔木或灌木，主要分布在北温带，我国各地均有分布。桑属经济价值较高，桑叶可作饲料，木材可作工艺用材，果实可生食或酿酒，桑枝可作薪柴。山东地区出土的桑属果实距今已有9000多年的历史，表明当时我们的祖先已认识到这类资源的特性并加以利用。焦家出土的桑属炭屑来自于墓葬填土，具体用途目前尚无定论。	麻栎：落叶乔木，分布广泛，材质坚硬，耐腐朽，气干易翘裂。现代供制造桥梁、地板等用材。果实可作饲料和工业用淀粉。考古学资料显示，距今6000年以前山东地区的古代居民就已经比较多地利用这种资源了。焦家遗址出土的麻栎多来自灰坑和房址，可能是先民作薪柴或建筑材料使用的。	栎属：常绿、落叶乔木，稀灌木，分布我国各省区。木材材质坚硬，现代多供制造农具、室内装饰等用材。栎果富含淀粉，可食用或作饲料。壳斗、树皮可提取栲胶。史前遗址中普遍发现栎属的炭屑和果实，表明我们的祖先很早就已经了解并开发利用这类资源了。焦家遗址的栎属炭屑多出土于灰坑和房址中，推测先民可能用作薪柴或建筑材料。

焦家遗址出土部分炭化植物种子标本

种属	粟	黍	大豆属	葡萄属
炭化照片				
简要介绍	粟，俗称谷子，脱壳后为我们日常食用的小米。现有文献和考古资料显示，8000多年前我们的祖先就已将狗尾草驯化成了谷子。直到近代，谷子一直是我国北方的主要农作物之一。现代北方种植的谷子包括不黏的谷子和黏谷子。谷子是5000多年前生活在焦家的居民的最主要的粮食作物。	黍，有粳糯两类，粳类常称为糜子、稷子，糯类称为黍子、粘糜子，也有分别称其为硬糜子和软糜子。黍也是人类最早栽培的谷物之一，目前世界上最早的栽培黍发现于我国，距今已有8000多年的历史。焦家出土的植物遗存表明，黍在先民的生活中占有重要的地位。	大豆，俗称黄豆，是东亚地区重要的传统农作物之一。考古资料显示，8000多年前我们的祖先就已经比较多地利用大豆的野生祖本－野大豆，这是大豆属的一个种。焦家遗址的植物考古研究表明，大汶口文化时期鲁北地区的先民也比较多地利用这种植物资源。	葡萄属，有60多个种，广泛分布于世界温带和亚热带。考古学资料显示，利用葡萄酿制果酒已有8000多年的历史。新石器时代遗址中出土的葡萄籽不同于现代栽培种，应为野生种类。焦家出土的葡萄籽表明，先民采集野生葡萄作为食物补充，当然也不排除用葡萄酿酒的可能。
现代照片				

王权中心

　　焦家遗址目前发现海岱地区年代最早的古城，是大汶口文化中晚期城址的典型代表，填补了鲁北地区大汶口文化中晚期阶段居住形态的空白，进一步证明了焦家遗址是距今 5000 年前后鲁北地区迄今所知面积最大的中心聚落遗址。焦家遗址也为以城子崖为代表的龙山文化找到了重要的源头。它的发现对于揭示 5000 年中华文明进程，尤其是中国东方地区古代社会的文明化进程等意义重大。

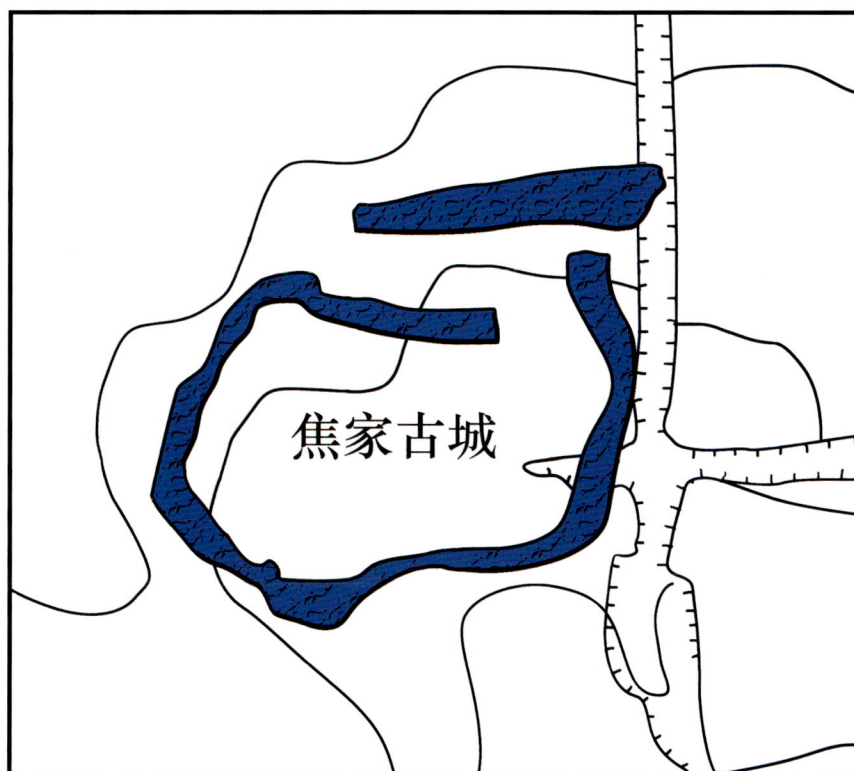

焦家古城形状示意图

城墙祭祀坑 M214 平面图

绿松石坠饰

M214：1
长 2.2 厘米，宽 1.3-1.4 厘米
大汶口文化
距今约 5300 年—4600 年
山东济南章丘焦家出土

环形玉坠饰

M214：2
直径 2.8 厘米
大汶口文化
距今约 5300 年—4600 年
山东济南章丘焦家出土

焦家古城夯土墙、壕沟剖面图

城垣顶部残宽6.80米，底部残宽11.60米，残高0.30—0.60米。主要由黄褐色粉砂土筑成，土质细密较硬，包含物极少。平地起夯，局部见明显的版筑技术。夯层较平，多数夯层的厚度0.06—0.12米，少数夯层厚度0.24—0.36米。在夯层之间还发现一座祭祀坑M214。

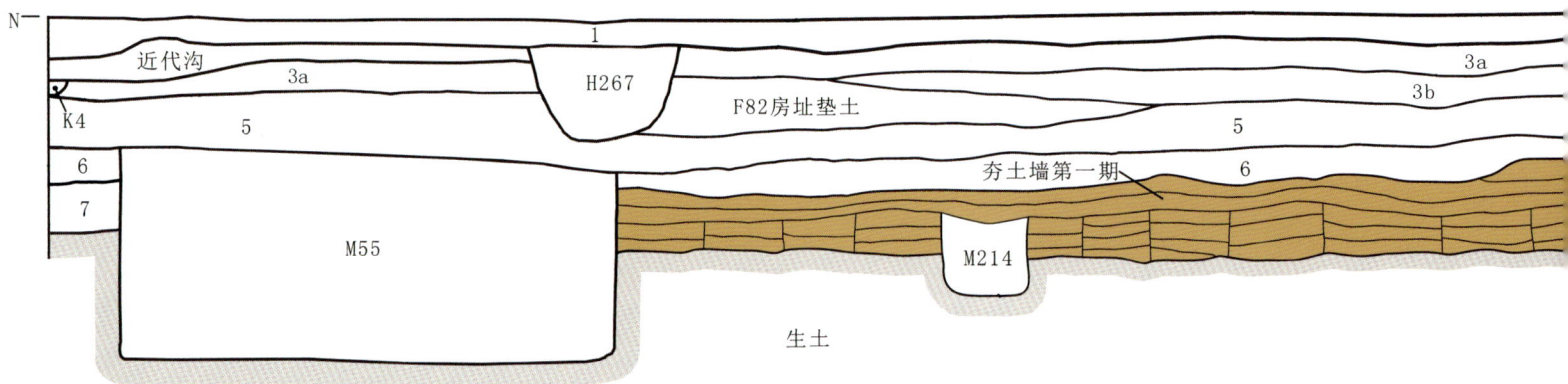

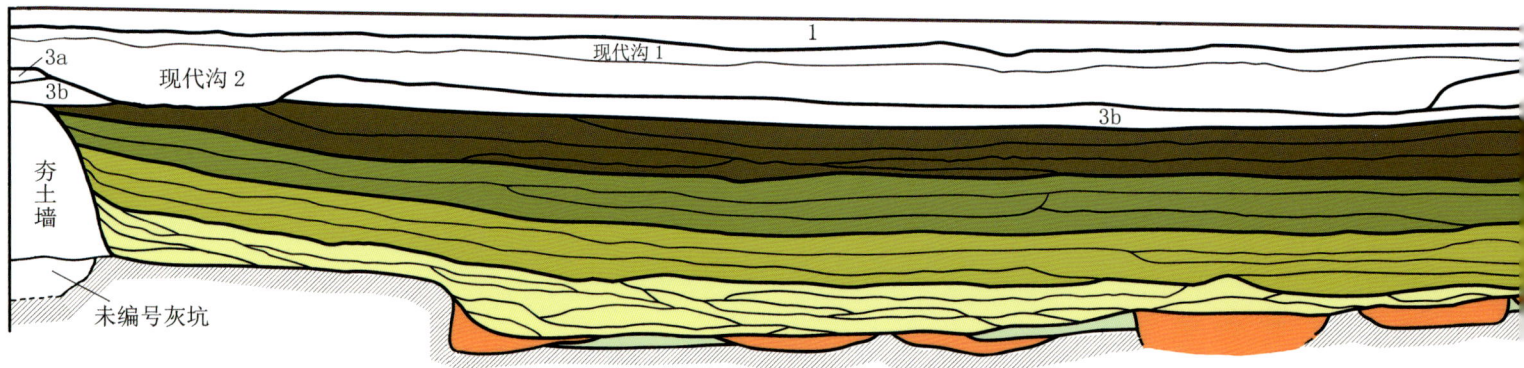

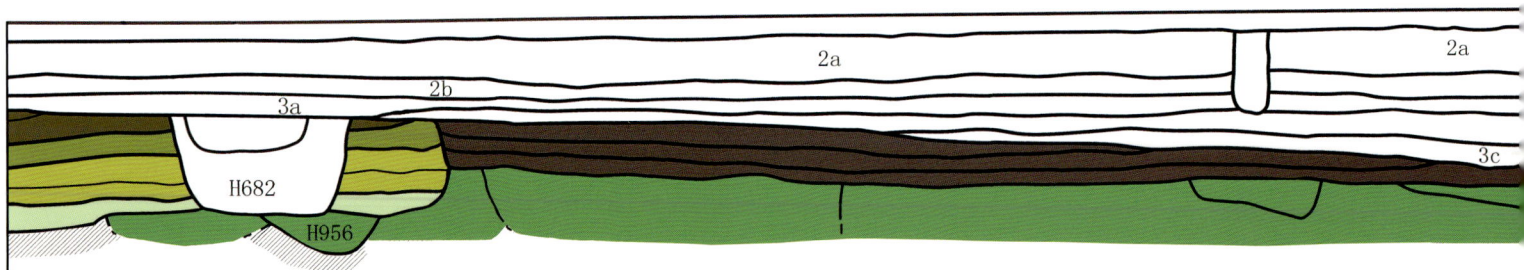

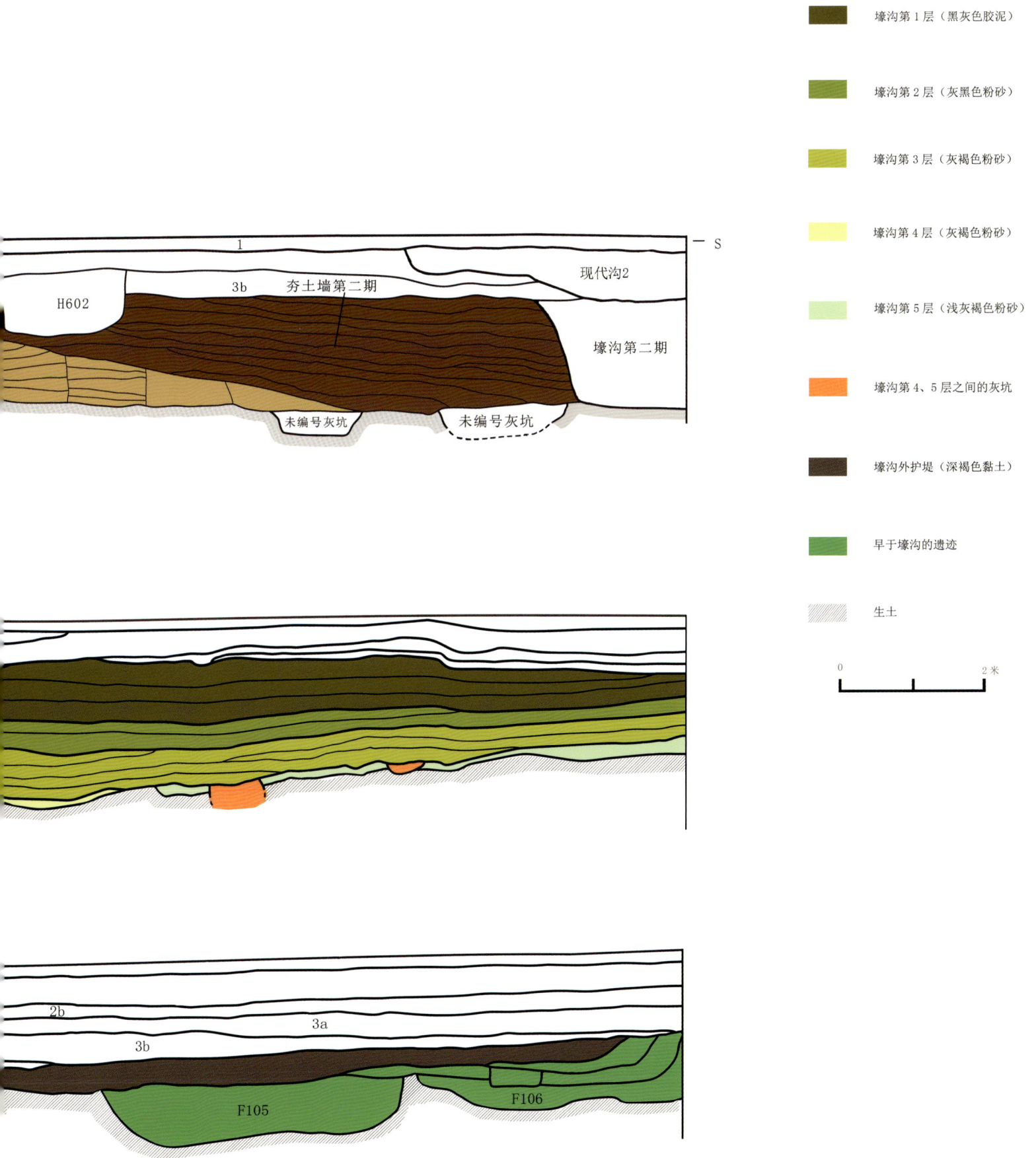

壕沟第1层（黑灰色胶泥）

壕沟第2层（灰黑色粉砂）

壕沟第3层（灰褐色粉砂）

壕沟第4层（灰褐色粉砂）

壕沟第5层（浅灰褐色粉砂）

壕沟第4、5层之间的灰坑

壕沟外护堤（深褐色黏土）

早于壕沟的遗迹

生土

0   2米

玉钺——权力的象征

玉钺由斧演变而来，是一种重要的武器和礼器，它作为权力和武力的代表，被认为是"以玉为兵"时代军事统帅权的象征。《诗经·商颂·长发》中记载"武王载旆，有虔秉钺，如火烈烈，则莫我敢曷"，叙述商王成汤执钺统帅军队征伐夏桀的故事；《尚书·牧誓》的疏传中记载"（武）王左杖黄钺，右秉白旄以麾"，描述周武王亲持斧钺督战的场面。焦家遗址大型墓内多陪葬玉钺或其他材质的钺，有的还陪葬两柄钺，是最重要的玉礼器，显示出古城的统治者当时也是军事上的首领。

玉钺

文物编号 M176:2
长 14.7 厘米，宽 6—7 厘米
大汶口文化
距今约 5300 年—4600 年
山东济南章丘焦家出土

玉质墨绿色，长条形，柄窄刃阔，刃作斜向弧形，双面磨制。柄部一穿孔，残留大量朱彩。

玉钺

文物编号 M176:3

长 12.8 厘米，宽 6.8—8.2 厘米

大汶口文化

距今约 5300 年—4600 年

山东济南章丘焦家出土

　　玉质碧绿色，宽长条形，磨制精细，边缘圆钝。柄
部一穿孔，柄窄刃阔，刃作斜向弧形。

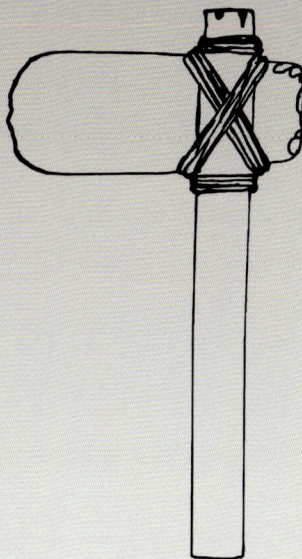

无孔钺固定方式　　　　有孔钺固定方式

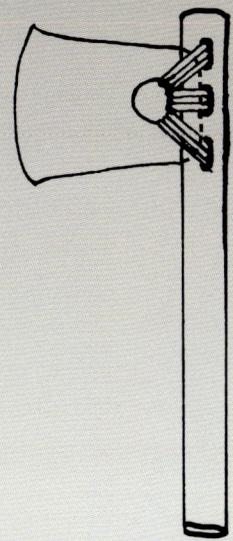

玉钺

文物编号 M197：4
长 7.9 厘米，宽 3.6—4.8 厘米
大汶口文化
距今约 5300 年—4600 年
山东济南章丘焦家出土

玉钺

文物编号 M204：17
残长 17 厘米，宽 9—10.3 厘米
大汶口文化
距今约 5300 年—4600 年
山东济南章丘焦家出土

"毁墓"现象

　　"毁墓"多针对大型墓葬，6座被毁大墓，每座都是一椁一棺的形制，墓主人的身份应该很高，墓葬中墓主人的腿骨、头骨有被破坏的现象，而且陪葬的陶器、玉器也多被砸，破坏痕迹明显，应是在入葬后不太长的时间内就被破坏，据此推断很可能是当时的聚落高层内部权力斗争的结果。

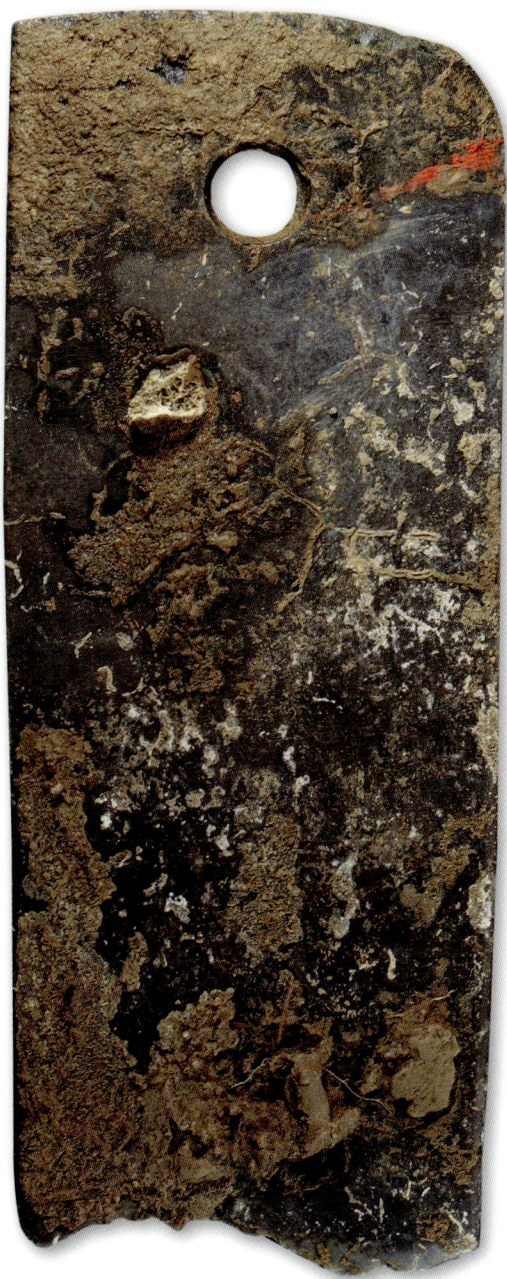

玉钺

文物编号 M55：1
长 18.3 厘米，宽 6.8—7.3 厘米
大汶口文化
距今约 5300 年—4600 年
山东济南章丘焦家出土

　　"毁墓"造成的玉钺刃口残缺。

玉钺

文物编号 M55：2
长 16.4 厘米，宽 8.4—9.1 厘米
大汶口文化
距今约 5300 年—4600 年
山东济南章丘焦家出土

　　"毁墓"造成的玉钺刃角断裂。

中国远古时期主要城址

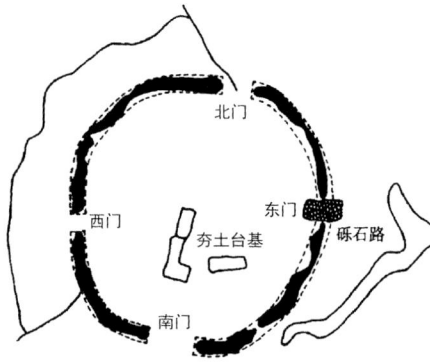

城头山古城（湖南澧县）

古城寨古城（河南新密）

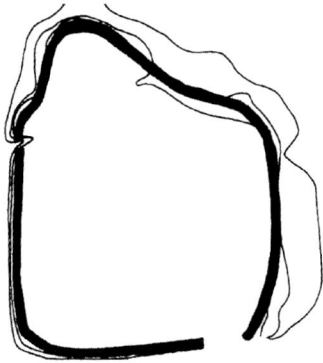

城子崖古城（山东济南）

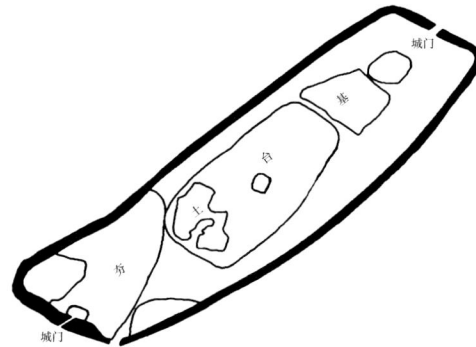

景阳冈古城（山东阳谷）

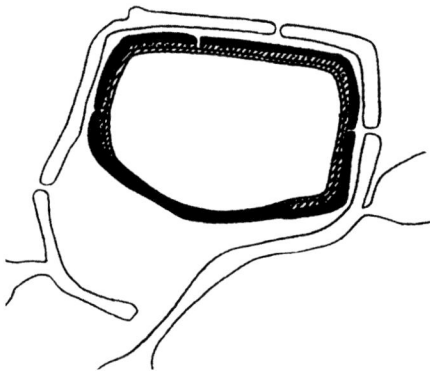

丹土古城（山东五莲）

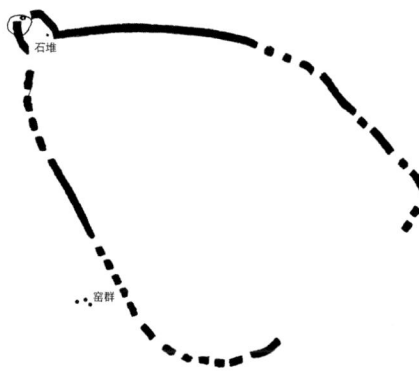

老虎山石城（内蒙古凉城）

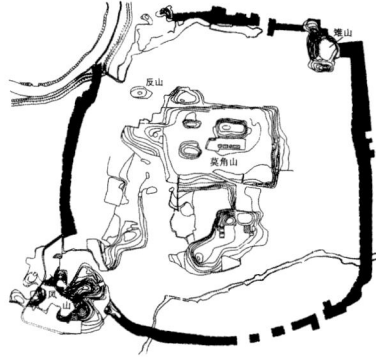

良渚古城（浙江杭州）

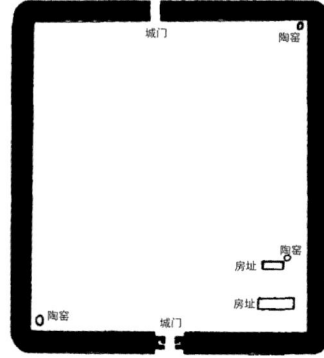

平粮台古城（河南淮阳）

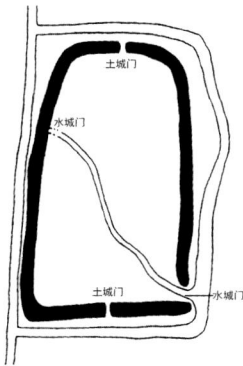

马家垸古城（湖北荆门）

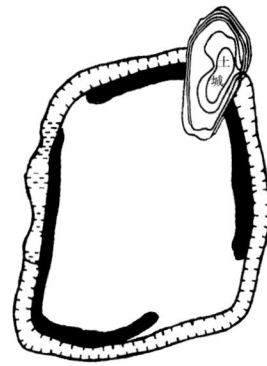

石家河古城（湖北天门）

郫县古城（四川成都）

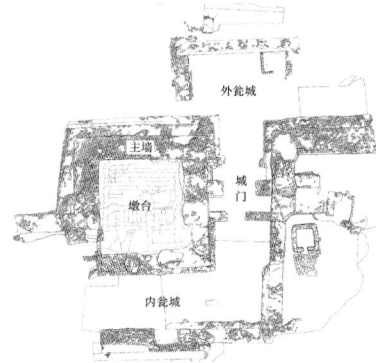

石峁古城东门（陕西神木）

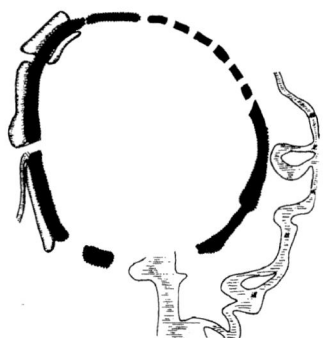

陶家湖古城（湖北应城）

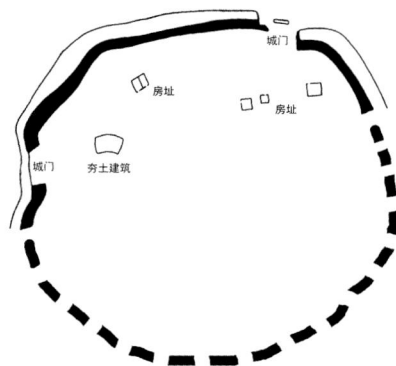

西山古城（河南郑州）

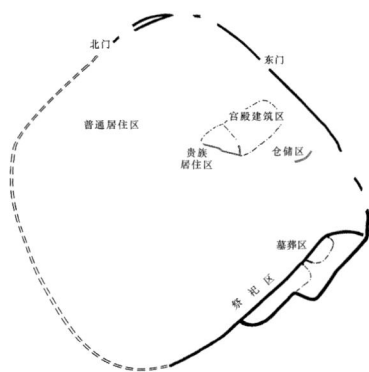

陶寺古城（山西襄汾）

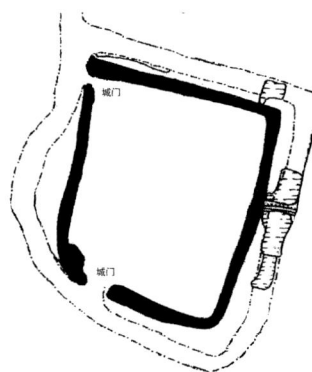

叶家庙古城（湖北孝感）

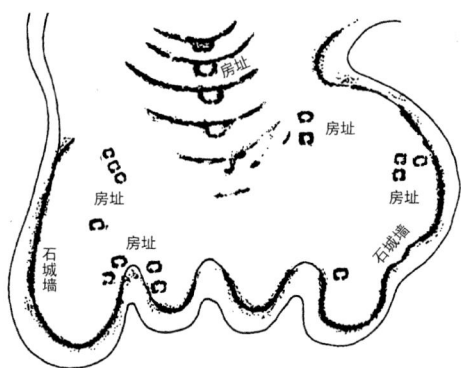

威俊古城（内蒙古包头）

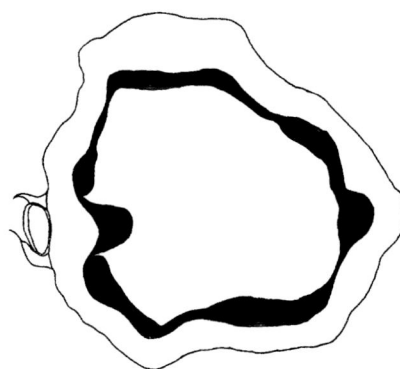

走马岭古城（湖北石首）

M184

M20

M173

M176

礼制先河

　　焦家遗址经过两个年度的持续发掘，共发现 215 座大汶口文化墓葬。根据规格，可分为大、中、小型三个墓葬等级。215 座墓葬中，有 104 座墓葬都随葬有数量不等的玉器。墓葬的棺椁葬具使用率超过 60%，在全国同时期的其他墓地中极为少见。墓葬体量、棺椁葬具的形制、随葬品高低多寡等现象，已经表现出明显的社会分化和等级差别，并且形成了十分严格的礼仪制度，玉器在礼仪系统中占据了重要位置，形成了严格的标准和规范，开后世礼仪制度的先河。

棺椁制度的首创

　　焦家遗址共发现大型墓葬 22 座，面积在 10 平方米左右，有 2 座为重椁一棺，20 座为一椁一棺，这样的棺椁制度多为后代社会所承袭，并不断制度化。随葬品有玉钺、玉镯、白陶杯等，这些随葬的陶器、玉器已具礼仪性质。玉器可分为礼器和装饰品两大类，礼器多为玉钺，装饰品大多为玉镯、玉环等。

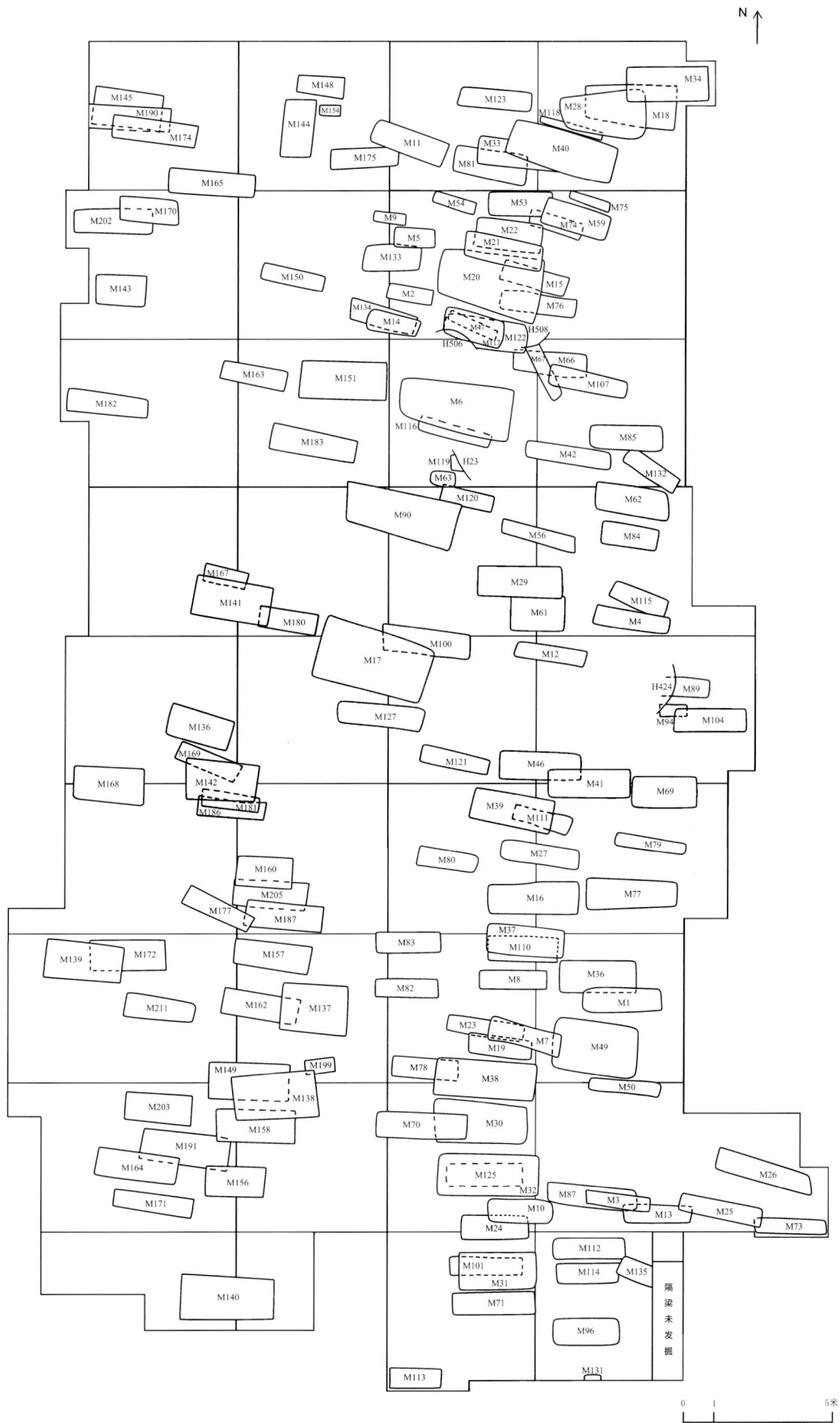

N

M145
M190
M174
M148
M154
M144
M123
M34
M115
M28
M18
M175
M11
M33
M40
M81
M165
M54
M53
M75
M202
M170
M9
M22
M74
M59
M5
M21
M133
M20
M15
M150
M2
M76
M143
M134
M14
M47
H508
H506
M122
M67
M66
M107
M163
M151
M6
M182
M116
M85
M183
M42
M132
M119 H23
M63
M62
M120
M84
M90
M56
M29
M167
M115
M141
M61
M4
M180
M100
M12
M17
H424 M89
M127
M94 M104
M136
M169
M121
M46
M168
M142
M41
M69
M186 M181
M39
M111
M79
M160
M27
M205
M80
M177
M16
M77
M187
M37
M83
M110
M139 M172
M157
M36
M82
M8
M211
M162 M137
M1
M23
M19 M7
M49
M149 M199
M78
M138
M38
M203
M50
M158
M70
M30
M191
M26
M164
M125
M156
M32
M87 M3
M171
M13 M25
M10
M73
M24
M112
M101
M114 M135
M140
M31
M71
M96
隔梁未发掘
M113
M131

0   1   5米

焦家遗址北区墓葬总平面图

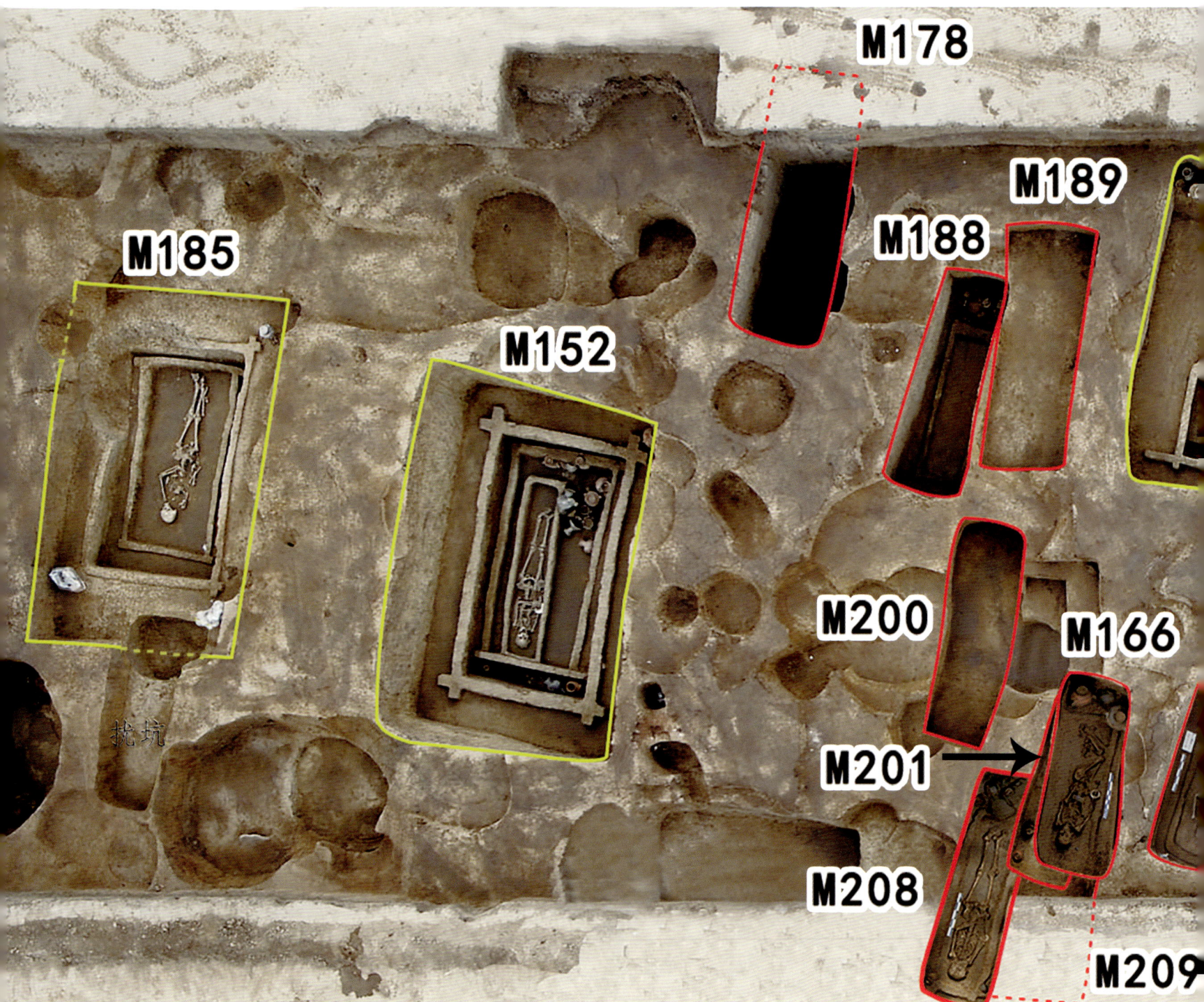

焦家遗址南区大型墓葬分布区

大型墓 M184

M184 为土坑竖穴墓，墓口长 3.8 米、宽 2.1 米。葬具为一棺一椁。共 18 件随葬品，其中陶器 10 件、玉器 4 件、龟甲器 4 件。陶器多位于棺椁之间，有陶壶、背壶和陶杯等。玉器全位于棺内，包括 2 件玉钺、玉镯和指环各 1 件。其中 1 件玉钺长达 21.6 厘米，是焦家遗址目前所见最大玉钺。墓主为男性，身高经实测达 1.9 米，被誉为五千年前的"山东大汉"。

玉钺背部

玉钺

文物编号 M184：10
长 21.6 厘米，宽 12.6—13.3 厘米，厚 0.7 厘米，孔径 1.6 厘米
大汶口文化
距今约 5300 年—4600 年
山东济南章丘焦家出土

　　玉质白色，整体成长方形，体型硕大方正。钺柄部有对钻的小圆孔，钻孔周边及钺末端残存大量朱砂痕迹，应是固定木柄时涂抹的材料。钺刃本为平直形式，但埋葬时大段刃部已被磕出十余处大小不同的缺口，使钺刃成不规整的锯齿状，柄部一角也略有残缺。此钺是目前焦家遗址墓葬内出土最大的玉钺成品，可称得上"玉钺之王"。钺柄部的朱砂痕迹在遗址内很多大型墓葬的玉钺上均有不同程度的残留，可知是当时对于玉钺等礼器比较流行的处理方式，朱砂可能是举行某种仪式时广泛应用的材料，具有某种特殊的宗教含义。

玉钺背部

玉钺

文物编号 M184：11
长 11.7 厘米，宽 8.1—9 厘米，厚 0.2 厘米
大汶口文化
距今约 5300 年—4600 年
山东济南章丘焦家出土

　　玉质白色，大体成长方形，柄部平直，刃部弧形，刃角部有磕缺，柄部有钻孔。考古发掘中还在墓内填土层表面发现了这件玉钺的柄部痕迹，可以看出柄部为木质材料，长条状，表面没有装饰，通长达 40 多厘米，柄径约 3 厘米。

M184 玉钺带柄痕迹

M184 玉钺出土时状况

玉指环

文物编号 M184：12
外径 4 厘米
大汶口文化
距今约 5300 年—4600 年
山东济南章丘焦家出土

　　玉质白色，圆环形，中孔直壁平整，环外缘磨制成圆弧状，中孔旁侧的环身上加钻一个圆形小穿孔。

玉镯

文物编号 M184：13
外径 11 厘米
大汶口文化
距今约 5300 年—4600 年
山东济南章丘焦家出土

　　玉质白色，扁平圆盘状，表面多处绺裂，沁蚀较重。镯身圆整，内缘厚，边缘薄，所有棱角处均进行倒角磨圆，加工十分精致。从玉镯的性状来观察，它显然是墓主生前长期使用过的实用品，而非专用于埋葬的明器。

黑陶背壶侧面

黑陶背壶

文物编号 M184：5
口径 12.4 厘米，腹径 21.1 厘米
底径 10.4 厘米，高 28.1 厘米
大汶口文化
距今约 5300 年—4600 年
山东济南章丘焦家出土

　　泥质黑陶，通体素面磨光。敞口、长颈、圆肩、鼓腹，
下腹内收成平底。扁平腹面两侧饰双宽环状耳，鼓腹侧
面有鼻形钮。

黑陶背壶侧面

红陶背壶

文物编号 M184：3
口径 15 厘米，腹径 27.4 厘米
底径 13 厘米，高 36 厘米
大汶口文化
距今约 5300 年—4600 年
山东济南章丘焦家出土

　　泥质红陶，通体素面磨光。侈口、长颈、
圆肩、鼓腹，下腹内收成平底。扁平腹面两
侧饰双宽环状耳，鼓腹侧面有鼻形钮。

红陶背壶

文物编号 M184：4
口径 14.5 厘米，腹径 16.6 厘米
底径 10.5 厘米，高 31.6 厘米
大汶口文化
距今约 5300 年—4600 年
山东济南章丘焦家出土

灰陶背壶

文物编号 M184：7
口径 13.4 厘米，腹径 26.6 厘米
底径 10.5 厘米，高 31.3 厘米
大汶口文化
距今约 5300 年—4600 年
山东济南章丘焦家出土

灰陶背壶

文物编号 M184：6
口径 13.7 厘米，腹径 30.6 厘米
底径 9.8 厘米，高 30 厘米
大汶口文化
距今约 5300 年—4600 年
山东济南章丘焦家出土

红陶壶

文物编号 M184：1
口径 10.9 厘米，底径 9.7 厘米，高 23.4 厘米
大汶口文化
距今约 5300 年—4600 年
山东济南章丘焦家出土

红陶壶

文物编号 M184：8
口径 9.4 厘米，腹径 18.4 厘米
底径 8 厘米，高 19.2 厘米
大汶口文化
距今约 5300 年—4600 年
山东济南章丘焦家出土

　　泥质红陶，通体素面磨光，遍施红陶衣。
侈口，长颈，球腹，小平底。肩部有对称小
器耳，耳中部有圆形小孔。

红陶壶

文物编号 M184：9
口径 11.2 厘米，腹径 23.2 厘米
底径 10 厘米，高 23.8 厘米
大汶口文化
距今约 5300 年—4600 年
山东济南章丘焦家出土

泥质红陶，侈口，鼓腹，下腹斜收，底略内凹。泥条盘筑制成，口沿不平，内底有按窝，内外壁均有刮抹痕迹。器表素面，上腹有一对鼻形钮，外壁涂有夹云母红褐陶衣。

黑陶壶

文物编号 M184：2
口径 8.3 厘米，腹径 12.8 厘米
底径 7.4 厘米，高 14.7 厘米
大汶口文化
距今约 5300 年—4600 年
山东济南章丘焦家出土

泥质黑陶，通体素面磨光。口微侈，长颈，圆腹，高圈足，腹部一侧有单只环形耳。器物的特征与长江流域的屈家岭文化的彩陶壶接近，但前者有单耳，后者器身多施彩。

黑陶单耳杯

文物编号 M184：17
口径 12.4，底径 9.2，高 10.4 厘米
大汶口文化
距今约 5300 年—4600 年
山东济南章丘焦家出土

泥质黑陶，侈口，束腰，平底，口部形状不圆整，腹部中央一侧带环形耳。通体素面磨光，近底处有一周凹弦纹。出土时陶杯位于该墓墓主两腿骨之间，似为棺中之陪葬物，然而，综合其他现象来分析，棺内除了陶杯以外陪葬的全部是玉器，陶器多位于棺外椁内的夹壁之中，据此推测，此杯原应位于椁内的棺盖上，后因棺盖腐朽后才掉落到棺内墓主身上，形成出土时的状态。

大型墓 M152

M152 为土坑竖穴墓，墓口长 4.4 米、宽 2.7—2.9 米。葬具为两椁一棺，填土有夯打迹象。墓主为老年男性，共 39 件陪葬品，其中陶器 27 件、玉器 5 件，另外 7 件骨角蚌器。陶器有陶鼎、陶背壶、陶豆、陶高足杯等，多位于棺椁之间或内外椁之间。墓主身边多为玉器，有玉刀、玉钺、玉镯、玉耳饰、玉指环和龟甲器。

M152 出土玉器组合

玉钺

文物编号 M152：9
长 16.4 厘米，宽 8.2—9.6 厘米，厚 0.5 厘米
大汶口文化
距今约 5300 年—4600 年
山东济南章丘焦家出土

　　玉质淡青色，钺身长梯形，柄部较窄，
刃部较宽阔，呈明显的扇面状，斜弧形刃
口。柄部透钻两个并排的大圆孔，孔两侧
可见数道红色印，应为固定木柄时残留的
朱砂痕迹。

玉刀

文物编号 M152：8
上宽 9 厘米，下宽 10 厘米
长 21.4 厘米，厚 0.4 厘米
大汶口文化
距今约 5300 年—4600 年
山东济南章丘焦家出土

　　玉质淡青色，近长方形，边角有不程度
的缺损。一侧长边为刃，沿刀背等距排列三
个大孔，一侧短边处钻另一个圆孔，与其他
三孔不在一个行列上。此件玉刀是遗址内发
现的最大的玉刀，出土时背部三个大孔均用
三块圆形玉片加以封堵，在焦家遗址浓厚的
宗教礼仪氛围中，更显示出具有某种特殊的
含义。

玉镯

文物编号 M152：4
外径 14.1 厘米，内径 6.5 厘米，厚 0.4 厘米
大汶口文化
距今约 5300 年—4600 年
山东济南章丘焦家出土

　　玉质白色，扁平圆盘状，表面多处绺裂，局部有沁蚀。
镯身圆整，所有棱角处均进行倒角磨圆，加工十分精致，
应是墓主生前使用过的实用品。

玉坠饰

文物编号 M152：2
长 1.7 厘米，宽 1.2 厘米
大汶口文化
距今约 5300 年—4600 年
山东济南章丘焦家出土

玉指环

文物编号 M152：5
外径 3.6 厘米，内径 2.4 厘米
厚 1.8 厘米
大汶口文化
距今约 5300 年—4600 年
山东济南章丘焦家出土

M152 出土陶器组合

彩绘陶背壶侧面

彩绘陶背壶背面

彩绘陶背壶

文物编号 M152：27
口径 13.6 厘米，腹径 26.2 厘米，底径 10.1 厘米，高 31.5 厘米
大汶口文化
距今约 5300 年—4600 年
山东济南章丘焦家出土

　　泥质灰褐陶，侈口、长颈、圆肩、鼓腹、小平底，上腹部
两侧各有一宽桥形耳。一侧腹部圆鼓，偏下有一个鼻形钮，上
腹部绘大红圆点，以圆点为中心，分别向下方和左、右两侧绘
制一条纵向线条和平行的勾卷弧线，线条均为红色，纵线条直
抵鼻钮处，钮也全部被涂红，左右两侧的两条弧线大体平行，
也勾卷向中部。图案整体形象类似猫头鹰的面部，勾卷的弧线
构成圆眼，中央的纵线好似鹰喙，其与勾状的鼻形钮配合，使
造型更加惟妙惟肖，十分传神。另外，背壶口沿内外、桥形耳
边缘与中部也都施以红彩线条。新石器时代的彩绘陶为陶器烧
制完成后再于器身上进行绘制和装饰的一种陶器类别，图案附

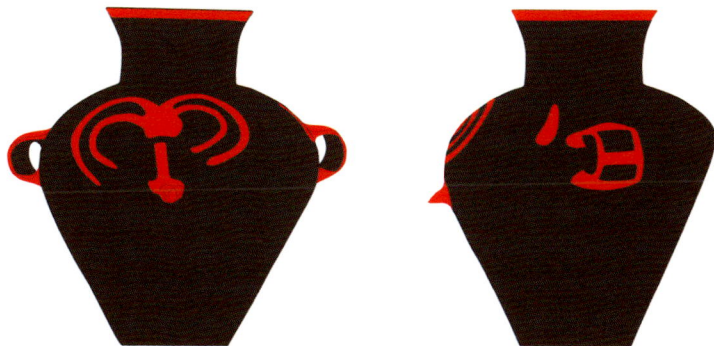

着力相对较差，极易脱落，其功能多被认为用于某些特定的场
合或人物，既不同于烧制前绘制图案的彩陶，更区别于素面无
彩的普通陶器。这件彩绘陶出土于大型墓葬内，以猫头鹰为主
题图案，并使用最鲜明的红彩来装饰，显然是在表达一些特殊
的含义，具有浓厚的原始宗教气氛。

1

2

3

4

红陶高足杯

1. 文物编号 M152：15　　　口径 7.5 厘米，底径 7 厘米，高 11.9 厘米，壁厚 0.3—0.7 厘米
2. 文物编号 M152：16　　　口径 7.8 厘米，底径 8.9 厘米，高 12.9 厘米，壁厚 0.3—0.8 厘米
3. 文物编号 M152：17　　　口径 7.3 厘米，底径 7.7 厘米，高 12.7 厘米，壁厚 0.3—0.7 厘米
4. 文物编号 M152：18　　　口径 7.8 厘米，底径 8.9 厘米，高 13 厘米，壁厚 0.5—0.7 厘米

大汶口文化

距今约 5300 年—4600 年

山东济南章丘焦家出土

1

2

3

4

红陶高足杯

1. 文物编号 M152：19　　口径 7.9 厘米，底径 8.4 厘米，高 12.5 厘米，壁厚 0.3—0.7 厘米
2. 文物编号 M152：36　　口径 7.6 厘米，底径 8.3 厘米，高 12.7 厘米，壁厚 0.2—0.8 厘米
3. 文物编号 M152：37　　口径 7.2 厘米，底径 7.5 厘米，高 12 厘米，壁厚 0.4—0.9 厘米
4. 文物编号 M152：38　　口径 7 厘米，底径 7.6 厘米，高 12 厘米，壁厚 0.2—0.8 厘米
大汶口文化
距今约 5300 年—4600 年
山东济南章丘焦家出土

红陶鼎

文物编号 M152：31
口径 11.4 厘米，腹径 16.1 厘米
底径 6.8 厘米，高 15.8 厘米
大汶口文化
距今约 5300 年—4600 年
山东济南章丘焦家出土

　　夹砂红陶，侈口，折腹，平底，锥形短足，折腹处凸棱上有一周戳印纹。器身泥条盘筑而成，上腹部素面磨光，下腹部可见刮抹痕迹，表面粗糙不平。

灰陶鼎

文物编号 M152：23
口径 12 厘米，腹径 16.5 厘米
底径 10 厘米，残高 13.7 厘米
大汶口文化
距今约 5300 年—4600 年
山东济南章丘焦家出土

　　夹砂灰陶，侈口，折腹，三鼎足均残断脱落，器底留有三处足根与器腹部粘接的疤痕。

灰陶罐

文物编号 M152：22
口径 9.6 厘米，腹径 14.5 厘米
底径 7.7 厘米，高 13.5 厘米
大汶口文化
距今约 5300 年—4600 年
山东济南章丘焦家出土

灰陶罐

文物编号 M152：30
口径 11 厘米，腹径 14 厘米
底径 6.5 厘米，高 12 厘米
大汶口文化
距今约 5300 年—4600 年
山东济南章丘焦家出土

黑陶豆

文物编号 M152：34
口径 18.3 厘米，底径 10.4 厘米，高 11.8 厘米
大汶口文化
距今约 5300 年—4600 年
山东济南章丘焦家出土

　　泥质黑陶，夹云母，敞口，圆唇，斜弧
腹浅盘，喇叭形圈足，附对穿圆形大镂孔，
圈足底部有一道凹弦纹，素面磨光，手制，
圈足内侧可见明显的轮修痕迹。

灰陶豆

文物编号 M152：20
口径 20 厘米，底径 13 厘米，高 16.5 厘米
大汶口文化
距今约 5300 年—4600 年
山东济南章丘焦家出土

红陶背壶背面

红陶背壶

文物编号 M152：21
口径 11.5 厘米，腹径 18.8 厘米
底径 8.6 厘米，高 23.6 厘米
大汶口文化
距今约 5300 年—4600 年
山东济南章丘焦家出土

泥质红陶，侈口，长斜颈，圆肩，鼓腹，小平底，上腹部两侧各附有一宽桥形耳，器表素面磨光并施有红陶衣。一侧腹部偏下有一鼻形钮，另一侧腹部扁平，表面有长期背负形成的褐色印痕。

红陶背壶背面

红陶背壶

文物编号 M152：12
口径 12.2 厘米，腹径 20.3 厘米
底径 9 厘米，高 25.6 厘米
大汶口文化
距今约 5300 年—4600 年
山东济南章丘焦家出土

　　泥质红陶，侈口，长颈，圆肩，鼓腹，上腹部两侧各有一只桥形耳，下腹内收成小平底。一侧腹圆偏下部带鼻形钮，另一侧腹部扁平，陶胎表面留有长期贴身使用的深色印痕。通体素面磨光。

红陶背壶

文物编号 M152：33
口径 14.5 厘米，腹径 27 厘米
底径 12 厘米，高 35.1 厘米
大汶口文化
距今约 5300 年—4600 年
山东济南章丘焦家出土

红陶背壶

文物编号 M152：25
口径 11.5 厘米，腹径 25 厘米
底径 8.5 厘米，高 25.5 厘米
大汶口文化
距今约 5300 年—4600 年
山东济南章丘焦家出土

红陶背壶

文物编号 M152：26
口径 12.5 厘米，腹径 28 厘米
底径 8.3 厘米，高 28 厘米
大汶口文化
距今约 5300 年—4600 年
山东济南章丘焦家出土

红陶背壶

文物编号 M152：29
口径 11.3 厘米，腹径 19.6 厘米
底径 9 厘米，高 24.4 厘米
大汶口文化
距今约 5300 年—4600 年
山东济南章丘焦家出土

红陶背壶

文物编号 M152：32
口径 11.7 厘米，腹径 20.3 厘米
底径 9.5 厘米，高 24.1 厘米
大汶口文化
距今约 5300 年—4600 年
山东济南章丘焦家出土

M152 陶器展出实景

祭祀传统的滥觞

　　焦家遗址大型墓葬区附近集中分布有 20 多座祭祀坑，坑内或是堆满打碎的陶器，或是埋葬整狗、鹰等动物，器形多见陶鼎、陶罐、陶壶等，部分坑内祭品分层堆积而成。这些祭祀坑不是日常生活的废弃堆积，因其紧邻大型墓葬，应是专门针对大型墓葬的祭祀设施。

祭祀坑 H605 第 1 层陶器

祭祀坑 H605 第 2 层陶器

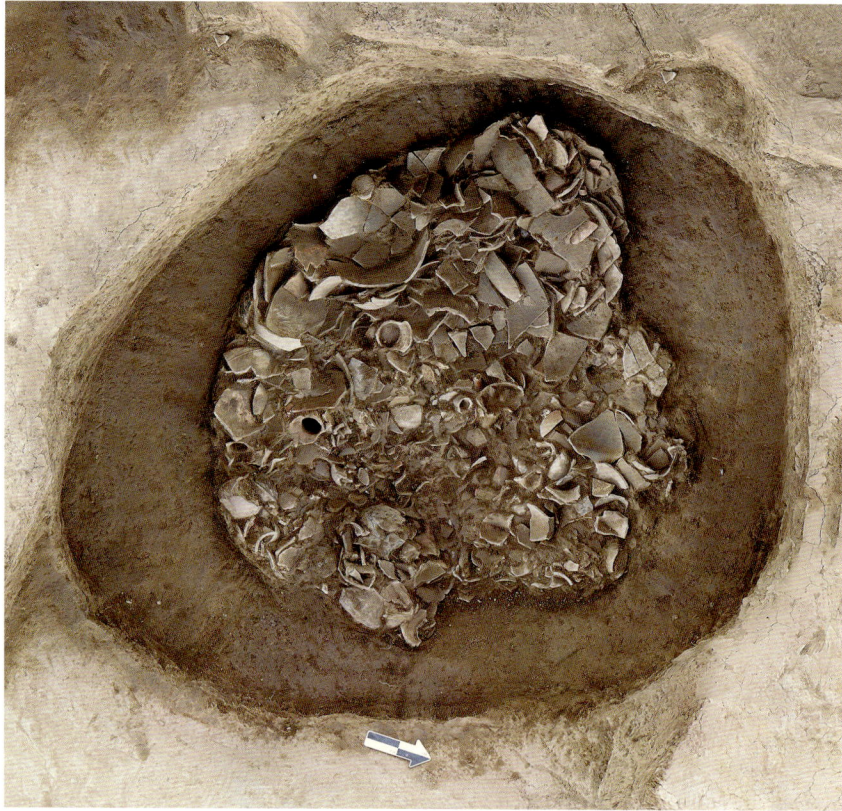

祭祀坑 H605 第 3 层陶器

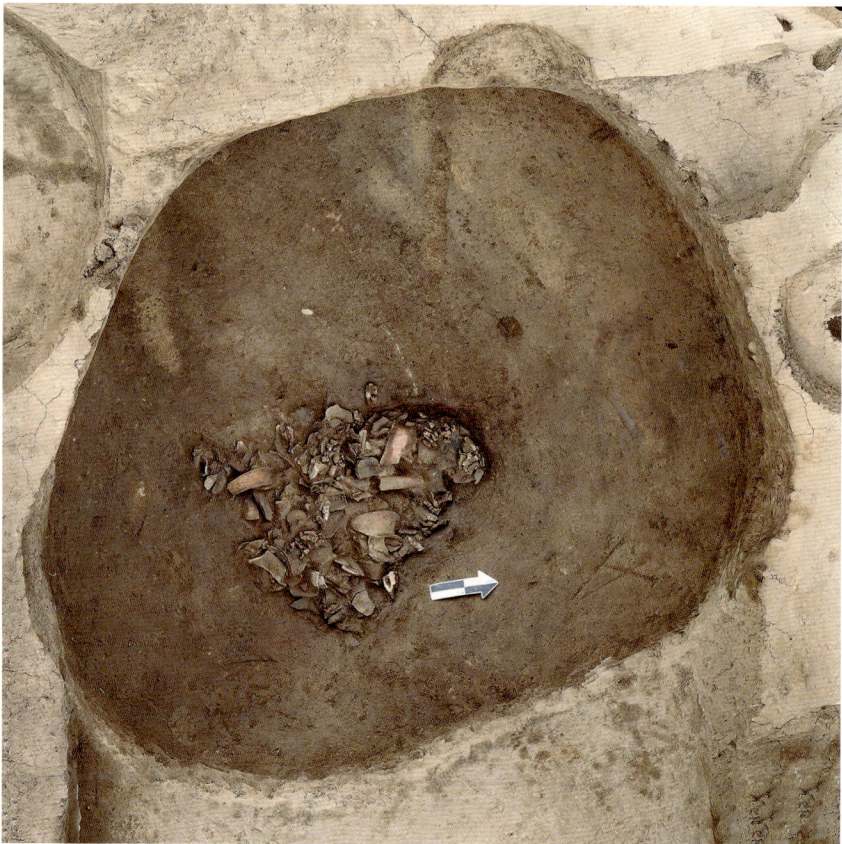

祭祀坑 H605 坑底猪蹄

祭祀坑 H826 第 1 层陶器

祭祀坑 H826 第 2 层陶器

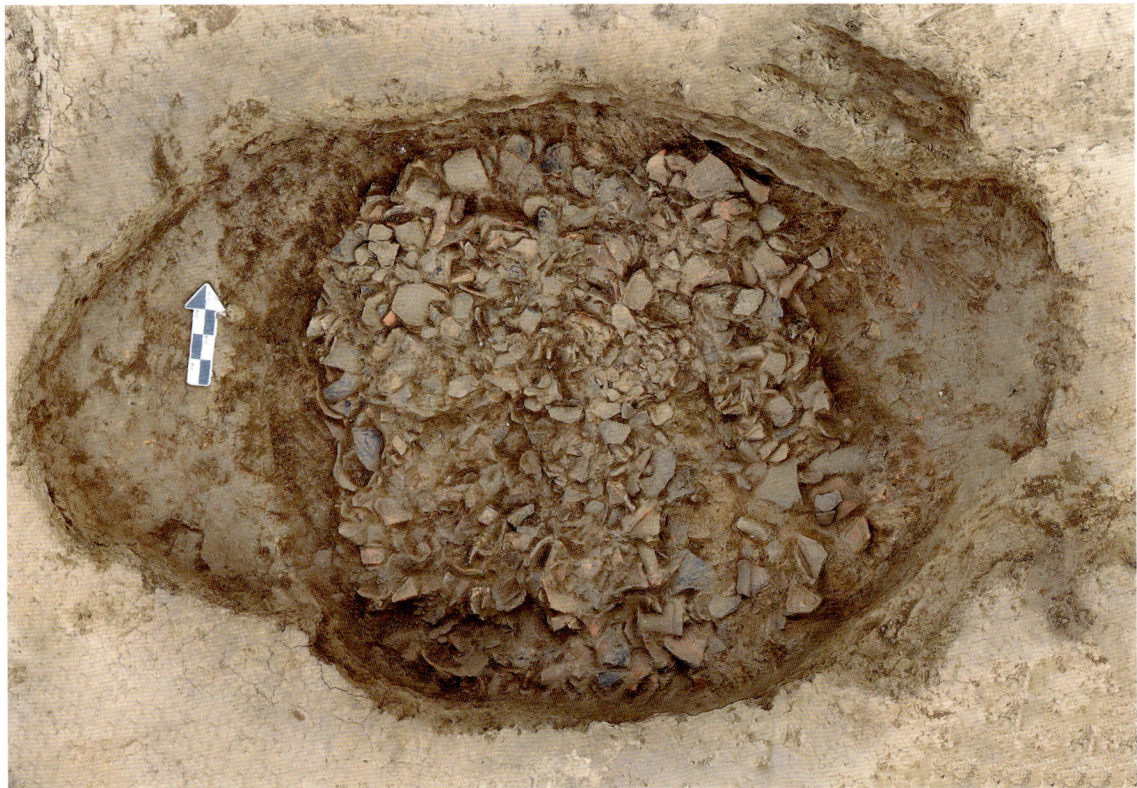

祭祀坑 H826 第 3 层陶器

祭祀坑 H880 第 1 层陶器

祭祀坑 H880 第 2 层陶器

祭祀坑 H880 第 3 层狗骨

祭祀坑 H892 内完整的狗骨架

祭祀坑 H953 内完整的狗骨架

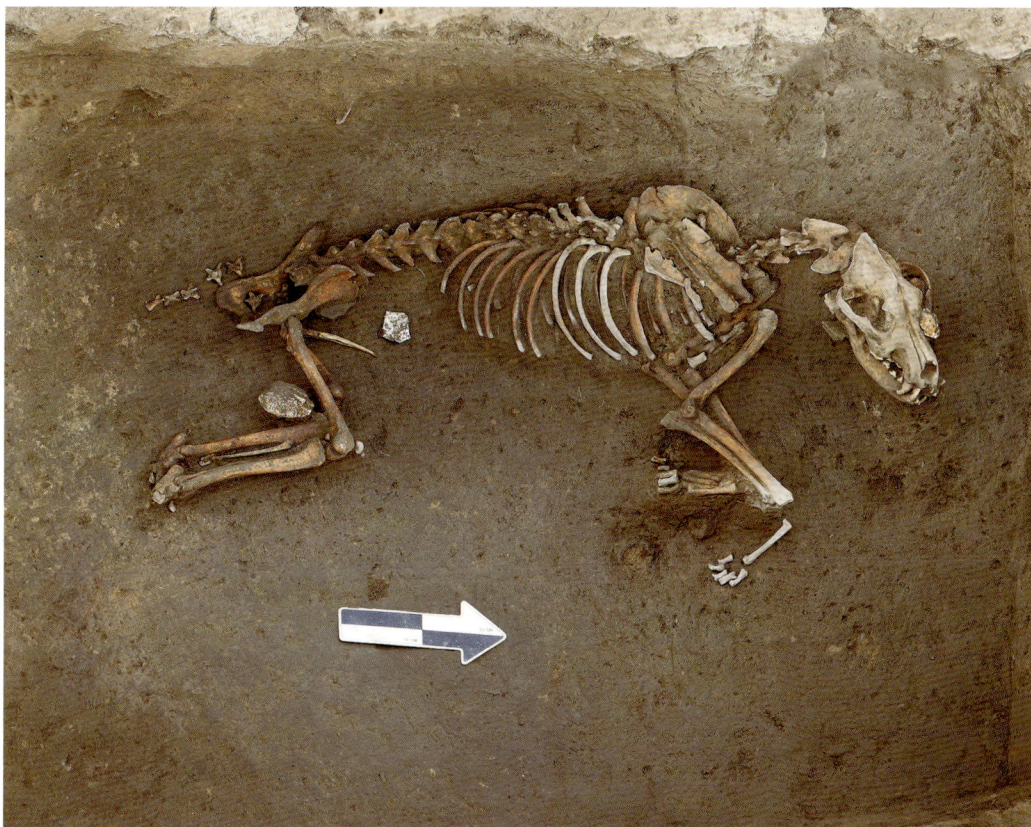

房址 F94 内完整的狗骨架

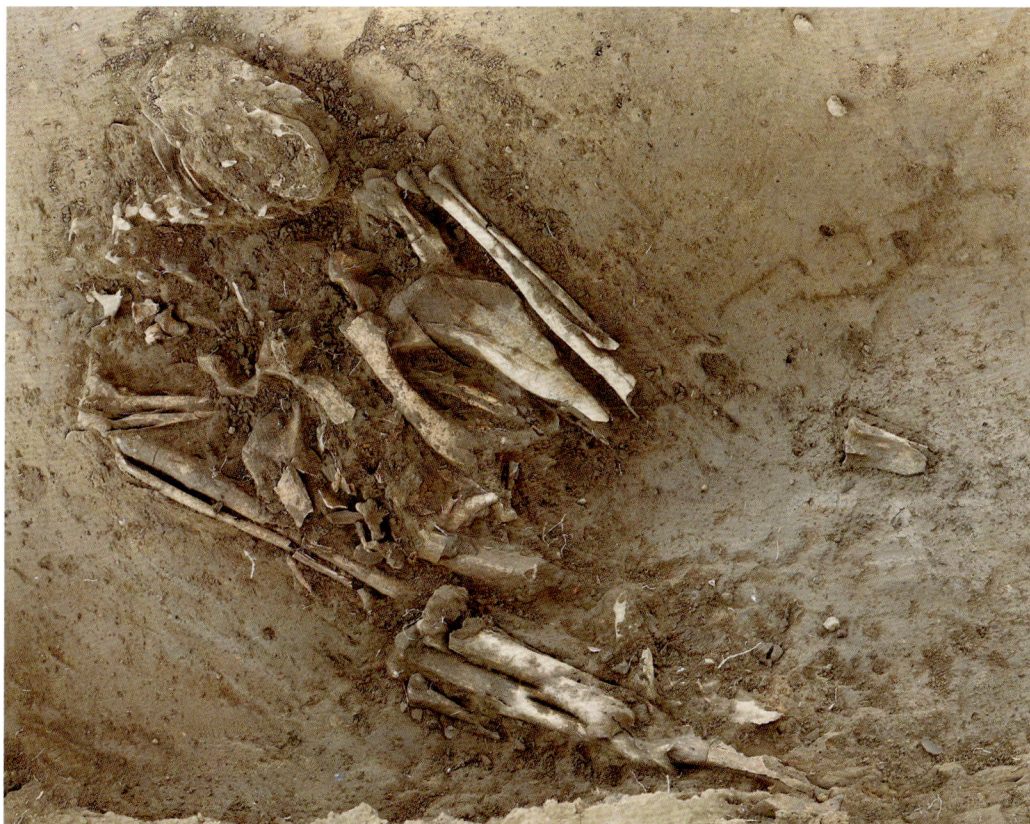

祭祀坑 H601 内完整的鹰骨架

异俗与奇风

　　大汶口文化存在着一些特有的信仰和风俗，包括头骨人工变形、拔牙、口含小球等，墓葬中还见随葬有骨雕或牙雕筒、獐牙勾形器、獐牙和龟甲器等，为其他地域或文化所不见。

头骨人工变形

　　头骨人工变形是大汶口文化居民中普遍存在的习俗，始于北辛文化，盛行于大汶口文化时期，龙山时代渐趋衰落，一般男性头骨变形率高于女性。头骨变形的突出特点是，头骨的枕部变扁，可能是长时间仰卧于硬质器具之上导致的颅骨枕部扁平。

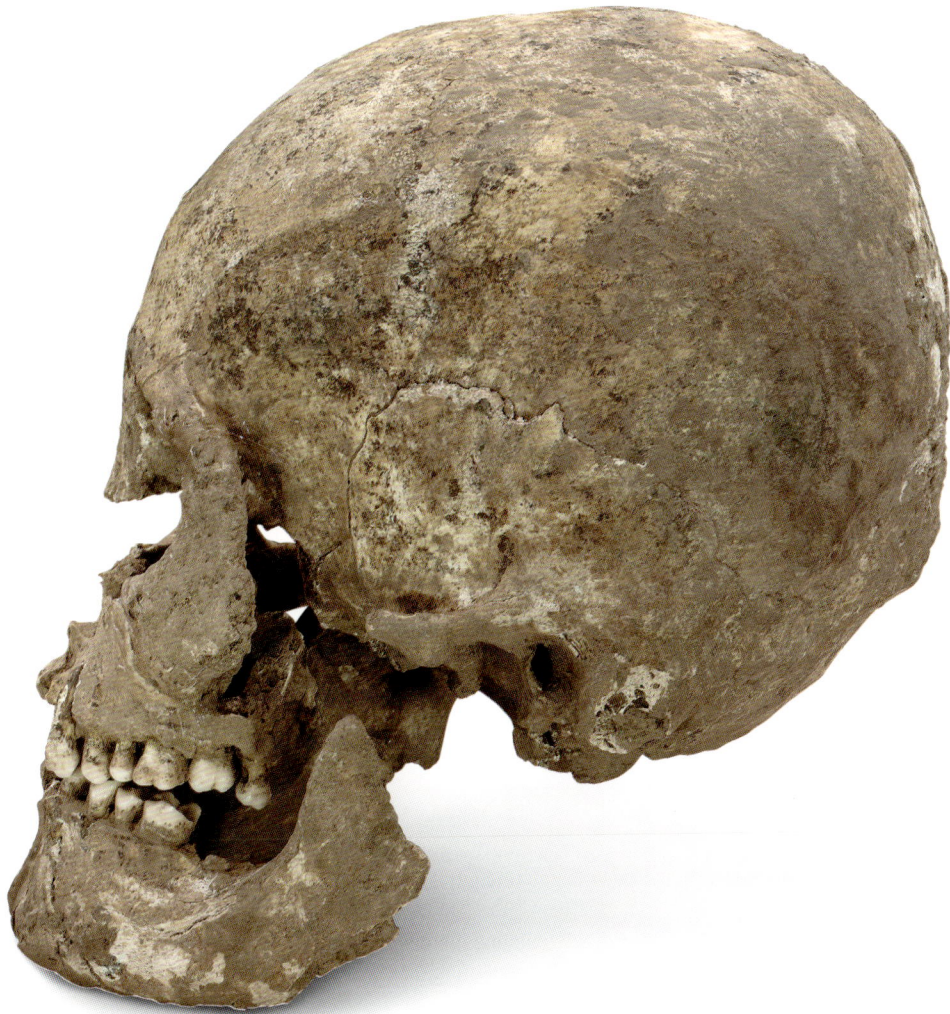

拔牙习俗

　　人工拔齿也是大汶口文化居民的特有习俗之一。拔牙年龄一般在 13—21
岁之间的青年时期，男女性别比例差别不明显。一般拔除上颌的一对中门齿、
侧门齿或犬齿，以拔除一对侧门齿的现象最多见。相关研究认为此习俗是远古
先民们青春期以后男女已婚的标志之一。

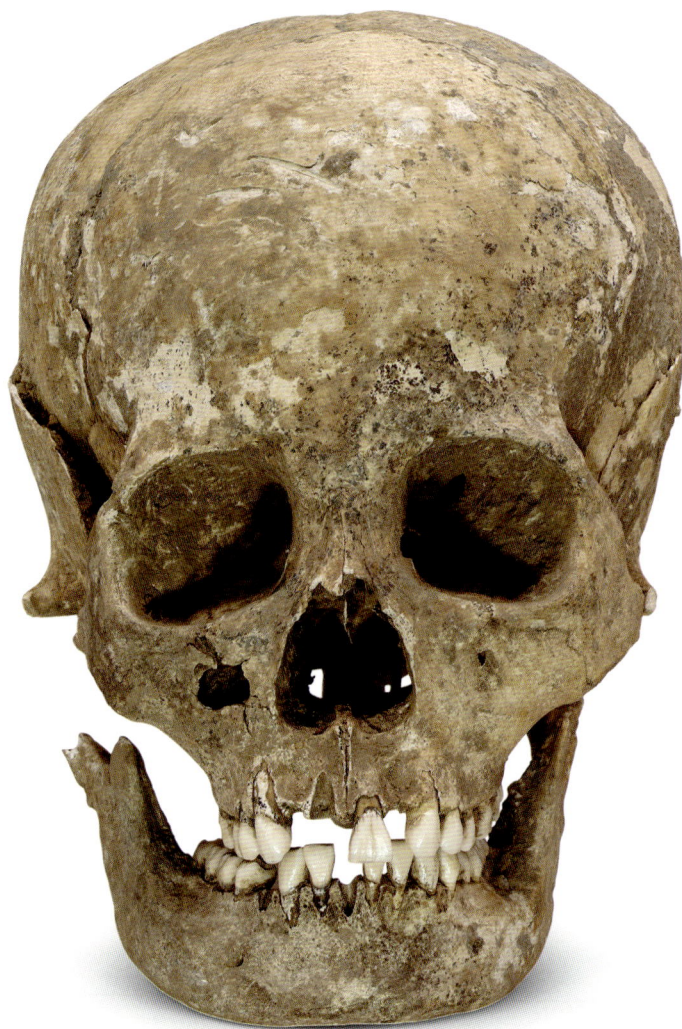

龟甲器

龟甲器是大汶口文化墓葬中经常出土的一种特殊器物,其结构是将龟甲相扣合,空腔内部放置数量不等的小石子,晃动时可以发出有节奏的声响。龟甲表面常有人工钻凿的小孔。关于器物功能,一般认为它们是巫师进行巫术活动时所持的法器,或用于占卜的工具。

工艺流变

众多新发现表明，焦家遗址所在区域是比龙山文化更早的大汶口文化时期早期文明社会形成的重要发祥地，在距今5000多年前，这里已经孕育了十分发达的远古工艺技术，出现了专业化的生产模式，并在实践中不断发展提升，这些与当时人们的物质生活和精神信仰密切相关的社会活动，都蕴涵着早期文明的因素。在历经1000余年的漫长发展后，大汶口文化过渡为龙山文化，其地域分布更广，发展水平更高，出现了许多前所未有的新现象，在迈向早期文明的进程中更进了一步，实现了新的历史跨越。

大汶口时代的远古工艺

　　大汶口文化具有广泛的手工技艺，以制陶和玉石器制作最为发达。制陶业达到成熟的高度，白陶、磨光红陶、磨光黑陶、彩陶、彩绘陶争奇斗艳，三足、镂雕、动物造型等手法多变，轮制技术普及，烧造火候高，可以生产出质地细腻的薄胎陶器。玉器制作异军突起，既有玉礼器，也有形式多样的装饰品。

白 陶

　　白陶是以高岭土等瓷土为原料，在1000℃以上的炉温中烧成的陶器，由于胎土中含有比例较高的氧化铝、镁等成分，因此烧成后陶器表里均呈白色，且胎质较硬。白陶出现于新石器时代中期，以大汶口文化白陶制作最为精致，商代白陶常用于仿制青铜礼器，至西周以后逐渐衰落。

白陶鬶

文物编号 H280：25
宽20厘米，高26厘米
大汶口文化
距今约5300年—4600年
山东济南章丘焦家出土

　　陶鬶呈灰白色，鸟喙形流口，斜向伸展于器身前部。顶部有环形提梁，上连颈部，下接器身，表面按压成绞索状。腹部略呈扁圆形球状，腰部有一周横向附加堆纹，表面压印成花边形的装饰。三个肥大的空袋足，呈鼎立形式均匀分布于腹部下方。

白陶鬶

文物编号 H280：7
宽 16.5 厘米，高 27 厘米
大汶口文化
距今约 5300 年—4600 年
山东济南章丘焦家出土

白陶背壶

文物编号 M147：3
口径 11.1 厘米，腹径 16.5 厘米
底径 8 厘米，高 21.7 厘米
大汶口文化
距今约 5300 年—4600 年
山东济南章丘焦家出土

　　侈口，尖圆唇，长颈，圆肩，深腹，平底。上腹部两侧各有一只宽桥形器耳，腹部一侧圆鼓带勾状钮，另一侧光滑扁平。

白陶背壶

文物编号 M147：4
口径 9.7 厘米，腹径 14.9 厘米
底径 7.7 厘米，高 19 厘米
大汶口文化
距今约 5300 年—4600 年
山东济南章丘焦家出土

白陶背壶

文物编号 M206：5
口径 8.6 厘米，底径 6.4 厘米
腹径 14 厘米，高 23.1 厘米
大汶口文化
距今约 5300 年—4600 年
山东济南章丘焦家出土

　　敞口，斜长颈，圆肩，深腹，平底略内凹，上腹部有一对环形耳。器身泥条盘筑并经慢轮修整，造型规整匀称，器表素面磨光。器物总体结构与普通的红陶或灰黑陶同类器基本相同，但制作明显更为精致，表明加工过程中无论原料、费时还是工艺等方面都与一般的陶器不同，所以在功能上也应属于特殊用途的器物，它们与白陶鬶、白陶杯、白陶豆、黑陶高柄杯等都是当时的礼仪用具。

白陶背壶

文物编号 M206：6
口径 9.4 厘米，腹径 14.7 厘米
底径 6.7 厘米，高 23.3 厘米
大汶口文化
距今约 5300 年—4600 年
山东济南章丘焦家出土

白陶背壶

文物编号 M198：15
口径 11.2 厘米，腹径 17.2 厘米
底径 8.4 厘米，高 23.5 厘米
大汶口文化
距今约 5300 年—4600 年
山东济南章丘焦家出土

白陶单耳杯

文物编号 M198：25
口径 11.4 厘米，底径 9.3 厘米，高 11.6 厘米
大汶口文化
距今约 5300 年—4600 年
山东济南章丘焦家出土

　　筒形单耳杯，敞口直壁，下腹部略内收，
大平底，近底处有一周凹槽。器表素面磨光。
手制加慢轮修整，腹侧有一只环形耳。

白陶单耳杯

文物编号 M91：15
口径 9.6 厘米，底径 7.4 厘米，高 9.6 厘米
大汶口文化
距今约 5300 年—4600 年
山东济南章丘焦家出土

白陶单耳杯

文物编号 M206：11
口径 10.4 厘米，底径 8.7 厘米，高 12.5 厘米
大汶口文化
距今约 5300 年—4600 年
山东济南章丘焦家出土

　　直口，尖唇，直壁，下腹部略内收，大
平底。器表素面磨光，饰有白陶衣，泥条盘
筑，局部有刮痕，腹侧有一只环形耳。

白陶镂孔豆

文物编号 M174：6
口径 20 厘米，底径 12.7 厘米，高 18.2 厘米
大汶口文化
距今约 5300 年—4600 年
山东济南章丘焦家出土

　　敛口，圆唇，钵形腹。下接喇叭形粗柄，
豆柄下部两侧有一对大镂孔，近底处有凹槽
一周。器表素面磨光，手制加慢轮修整。

磨光陶

　　磨光陶技术在新石器晚期阶段出现并得以传播，大汶口文化的磨光陶技术使用普遍，不但应用在灰黑陶器上，而且在红陶上也进行细致打磨，这些器物虽历经数千载，出土时依然熠熠生辉。这种传统的磨光陶技术，为其后的龙山时期磨光黑陶与蛋壳陶的产生与盛行奠定了基础。

黑陶高柄杯

文物编号 M90：21
口径 8.6 厘米，底径 7.5 厘米，高 20.2 厘米
大汶口文化
距今约 5300 年—4600 年
山东济南章丘焦家出土

　　泥质黑陶，杯身侈口，束腰，折腹，底部接纺锤形细高柄和圆盘状圈足。器表磨光，柄部有交替分布的圆形与三角形镂孔。器身规整周正，造型修长挺拔，杯身、高柄、圈足浑然一体，器壁也较普通陶器更薄，加工技术水平已经达到相当的高度。龙山时期，这种黑陶高柄杯得到延用和发展，制作水平更高，已经可以制作出杯身更精细、厚度不足 1 毫米的蛋壳黑陶，达到中国古代制陶技术的巅峰。

黑陶带盖圆腹罐

文物编号 M91：25
口径 7.1 厘米，腹径 9.7 厘米
底径 3.9 厘米，通高 9.6 厘米
大汶口文化
距今约 5300 年—4600 年
山东济南章丘焦家出土

　　夹云母黑陶，器身敛口，鼓腹，小平底，内壁有三周凸棱，口沿外侧均匀分布三个勾状凸钮，罐顶部有覆碟形盖子，以子母口与罐身相扣合。器盖有圆形钮，内壁轮旋痕迹明显。器身通体素面磨光，造型与工艺与该墓内共同出土的带盖红陶罐极为相似，应为当时专门成对随葬的用具。

灰陶瓶

文物编号 M92：5
口径 10.6 厘米，腹径 13.2 厘米
底径 7.2 厘米，高 20.1 厘米
大汶口文化
距今约 5300 年—4600 年
山东济南章丘焦家出土

　　泥质灰陶，轮制。折沿、长颈、圆肩、深腹，下腹内收，平底。通体素面磨光。

红陶壶

文物编号 M179：33
口径 8.1 厘米，腹径 13 厘米，底径 5.4 厘米，高 13.5 厘米
大汶口文化
距今约 5300 年—4600 年
山东济南章丘焦家出土

泥质红陶，直口，长斜颈，圆腹，小平底，颈部偏上处对称分布一对半圆形耳，耳中部有圆形小穿孔，外壁磨光涂有陶衣，口沿内侧有一周黑彩三角形纹饰，外侧饰窄黑彩条。手制，口沿不平整。

红陶背壶

文物编号 M182：4
口径 9.8 厘米，腹径 17.3 厘米
底径 10.8 厘米，高 21.2 厘米
大汶口文化
距今约 5300 年—4600 年
山东济南章丘焦家出土

红陶背壶

文物编号 M182：5
口径 9.4 厘米，腹径 14 厘米
底径 6.7 厘米，高 19.8 厘米
大汶口文化
距今约 5300 年—4600 年
山东济南章丘焦家出土

　　泥质红陶，直口微侈，细长颈，圆肩，
深腹，平底略内凹。肩部两侧附环耳，下
腹部一侧中部有勾状钮。通体磨光，外壁
遍施红陶衣。

黑陶单耳杯

文物编号 M185：13
口径 10.3 厘米，底径 9.6 厘米，高 10.8 厘米
大汶口文化
距今约 5300 年—4600 年
山东济南章丘焦家出土

灰陶壶

文物编号 M198：27
口径 12.9 厘米，腹径 26.1 厘米
底径 11.9 厘米，高 30 厘米
大汶口文化
距今约 5300 年—4600 年
山东济南章丘焦家出土

灰陶背壶

文物编号 M204：1
口径 13.4 厘米，底径 14,2 厘米，高 27.3 厘米
大汶口文化
距今约 5300 年—4600 年
山东济南章丘焦家出土

彩 陶

彩陶的花纹图案于入窑烧制前绘画而成，多为黑彩，烧成后与陶胎融为一体，形式较稳定不易脱落。大汶口文化的彩陶受到中原地区仰韶文化的强烈影响，在早期已经成熟，中期达到巅峰，出现了大量实用性与艺术性结合的彩陶佳品。彩陶表面均磨光，施黑、红、白、褐、黄等颜色，以红、白、黑最为普遍，构成弧边三角、圆点、斜线、八角星纹等图案。焦家遗址的彩陶更有自己的特色，常以简单的圆点、线条、彩带、菱格、三角、平行线等构成组合图案。

彩陶壶顶面

彩陶壶

文物编号 M149：21
口径 9.3 厘米，腹径 21.2 厘米
底径 9.5 厘米，高 20.3 厘米
大汶口文化
距今约 5300 年—4600 年
山东济南章丘焦家出土

　　泥质红陶，侈口，短颈，圆腹，平底。手制，腹部磨光，颈部经刮抹。上腹部及肩部饰两层纹饰带，红陶衣作底色，上层 7 组垂弧纹，下层 11 组垂弧纹，上下层之间以两根横向条纹相分隔，顶视犹如正在绽放的重瓣的大花朵。远古时期先民的器具多置于地面，低于人的视线高度，因此从顶部俯视，这些纹饰绘于上腹部或口部的彩陶图案，最能体现器物的美感。

彩陶壶

文物编号 M91：4
口径 7.1 厘米，腹径 13 厘米，底径 7.1 厘米，高 14.4 厘米
大汶口文化
距今约 5300 年—4600 年
山东济南章丘焦家出土

　　泥质红陶，直口，短颈，圆垂腹，下腹部明显内收，小平底。器表通体磨光，外壁及口沿内侧施红陶衣。口唇部位饰黑彩条，颈部饰多道黑彩平行线纹。器身腹部上下遍施由平行条纹和内填斜线的三角纹组合而成的纹饰带，下腹部空白。

彩陶壶背面

彩陶壶顶面

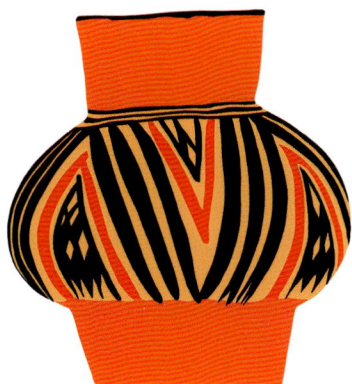

彩陶壶

文物编号 M93：1
口径 7.1 厘米，腹径 13.4 厘米，底径 4.7 厘米，高 18.2 厘米
大汶口文化
距今约 5300 年—4600 年
山东济南章丘焦家出土

泥质红陶，直口，长颈，圆腹，小平底。器表通体磨光，外壁及口沿内侧施红陶衣。口唇部位饰黑彩条，颈部正中饰多个黑彩圆圈纹。壶腹部以黑彩作底色，用白色绘制出多道横向纹饰带。上部为双道弦纹与尖三角形纹，中部与下部为两行十字菱形纹，中、下两行菱形纹横向穿插，纵向位置错落，排列井然有序。腹部近底处素面无纹。

彩陶壶顶面

彩绘陶

　　彩绘陶的花纹图案均为陶器入窑烧制完成后再进行绘画，多为红彩，也有白彩，颜料附着于陶胎表面，容易脱落，因此发现时多残缺不全，彩绘陶的图案与彩陶相比更为鲜艳。

彩绘陶背壶

文物编号 M57：50
口径 7.5 厘米，腹径 13.2 厘米，底径 6.2 厘米，高 15.5 厘米
大汶口文化
距今约 5300 年—4600 年
山东济南章丘焦家出土

　　泥质灰陶，侈口，短颈，鼓腹，小平底，肩部有对称的宽桥形耳，一侧腹部有鼻形钮。器表磨光，鼓腹面两耳之间以红彩等绘出旋涡形纹饰带。这件背壶体形小巧，容量有限，并且器表施以彩绘，极易脱落，显然已不是实用器皿，可能应用于一些重要的礼仪场合。

彩绘陶背壶侧面

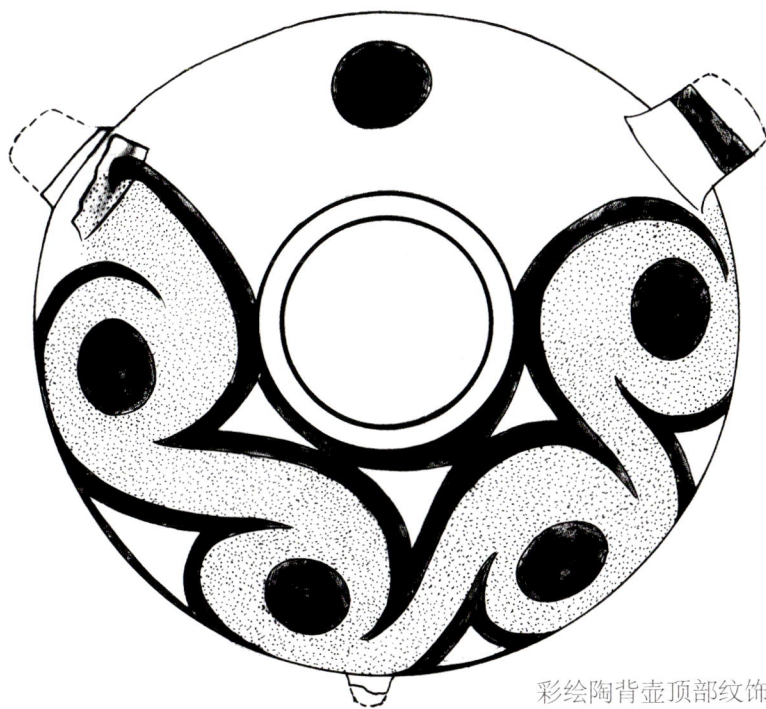

彩绘陶背壶顶部纹饰

彩绘陶罐

文物编号 M57：43
口径 14 厘米，腹径 18 厘米
底径 9 厘米，高 12.7 厘米
大汶口文化
距今约 5300 年—4600 年
山东济南章丘焦家出土

　　泥质黑陶，侈口，折腹，小平底，折腹上方等距离分布三组红色圆形及山峰形彩绘图案，圆形与山形交替分布，绕身一周。泥条盘筑，慢轮修整，折腹以上打磨光滑，以下有刮抹痕迹。

　　焦家遗址存在彩陶和彩绘陶两种施彩方式。彩陶的花纹图案于入窑烧制前绘画而成，多为黑彩，烧成后与陶胎融为一体，形式较稳定不易脱落；而彩绘陶的花纹图案均为陶器烧制完成后再进行绘画，多为红彩，也有白彩，颜料附着于陶胎表面，容易脱落，因此发现时多残缺不全。彩绘陶的图案与彩陶相比更为鲜艳。这件陶罐造型简单，与焦家出土的普通陶罐无异，但周身装饰的红色大圆点极富特征，在折腹线的衬托下，犹如火红的朝阳从地平线初升时的状态，显得非常庄严而神秘，表明这样精心装饰的陶器在当时也可能是一件礼仪用具。

彩绘陶罐

文物编号 M151：8
口径 13.7 厘米，腹径 16.6 厘米
底径 8.9 厘米，高 13.2 厘米
大汶口文化
距今约 5300 年—4600 年
山东济南章丘焦家出土

泥质灰褐陶，侈口，折腹，小平底，折腹上方等距离分布三个圆形红色彩绘图案，口沿内外施一圈红彩条。泥条盘筑，慢轮修整，折腹以上打磨光滑，以下有刮抹痕迹，略显凹凸不平。

彩绘陶罐

文物编号 M158：1
口径 13.6 厘米，腹径 15.1 厘米
底径 7.1 厘米，高 14.2 厘米
大汶口文化
距今约 5300 年—4600 年
山东济南章丘焦家出土

泥质灰陶，侈口，折沿，鼓腹，口沿内侧呈凹槽状，罐底部有喇叭形矮圈足。手制，器表磨光。上腹部有一周彩绘，以红、青两种颜色的圆点和弧线条组成颇具动感的旋涡纹彩色装饰带，涡纹带上下边缘和罐口处加饰红彩带。

彩绘陶豆

文物编号 M57：23
口径 18.2 厘米，底径 13.1 厘米，高 14.7 厘米
大汶口文化
距今约 5300 年—4600 年
山东济南章丘焦家出土

　　泥质褐陶，敞口，浅腹，细柄，喇叭形圈足。口唇
处有红彩条，柄部及圈足底部有平行红彩带。

彩绘陶鼎

文物编号 M158：2
口径 10.5 厘米，腹径 17.8 厘米
底径 7.1 厘米，高 14.3 厘米
大汶口文化
距今约 5300 年—4600 年
山东济南章丘焦家出土

夹砂褐陶，敛口，鼓腹，圜底，短锥形足。上腹部
饰红彩的宽条折线纹带。

彩绘陶鼎顶面

彩绘陶单耳杯

文物编号 M93：11
口径 10.4 厘米，底径 7.3 厘米，高 13.2 厘米
大汶口文化
距今约 5300 年—4600 年
山东济南章丘焦家出土

　　泥质灰陶，直口，斜腹，平底，腹部一侧有桥形耳。
口沿内外、耳部、底部边缘饰红彩。

彩绘陶单耳杯

文物编号 M179：40
口径 8.8 厘米，底径 5.9 厘米
高 12.3 厘米
大汶口文化
距今约 5300 年—4600 年
山东济南章丘焦家出土

　　泥质灰陶，直口，筒形腹，下腹
内收，平底，腹部一侧有桥形耳。口
沿、器耳、下腹及底部边缘饰红彩条，
上腹部中央饰一组连续的彩绘旋涡纹
带，近底部刻画双线波浪纹图案。

玉 饰

　　焦家遗址的大汶口文化玉饰是玉器的主体，玉锥形器、玉坠、玉镯、玉指环、玉环等，种类全、数量多、形式稳定，治玉技术已趋于成熟。能够加工和使用如此大规模的玉器制品，表明遗址所在地域已经成为这个地区的玉器制作中心。

玉锥形器

文物编号 M186：2
长 4.6 厘米，体径 1.3—1.4 厘米
大汶口文化
距今约 5300 年—4600 年
山东济南章丘焦家出土

　　玉质白色，短锥形，尖部圆钝，中部略粗，尾部中央有纵向深孔通锥体内部，半圆榫有内凹窝，于窝内穿孔。

玉锥形器

文物编号 M188：1
通长 4.8 厘米，体径 1 厘米
大汶口文化
距今约 5300 年—4600 年
山东济南章丘焦家出土

　　玉质白色，较规整的圆柱形，锥尖较锐利，且有磨制的凹槽一周，尾部出短凸榫带小圆孔。

玉锥形器

文物编号 M211：10
长 2.1 厘米，体径 0.6—0.8 厘米
大汶口文化
距今约 5300 年—4600 年
山东济南章丘焦家出土

　　玉质白色，扁圆柱状，尖部略粗，尾榫
斜梯形，根部有对钻小穿孔。

玉锥形器

文物编号 M211：7
长 4.7 厘米，体径 0.7—0.8 厘米
大汶口文化
距今约 5300 年—4600 年
山东济南章丘焦家出土

　　玉质淡青色，较规整的圆柱形，锥尖较
锐利，尾部出榫不规则，根部偏外侧有穿孔。

玉坠饰

文物编号 M211：12
长 3.5 厘米，宽 1.2—1.6 厘米
厚 0.4—0.7 厘米
大汶口文化
距今约 5300 年—4600 年
山东济南章丘焦家出土

　　玉质白色，扁圆形，有钝尖，制作比较
精致，尾部凸榫内收成钉状，在榫中部钻一
细小圆孔。

玉坠饰

文物编号 M211：25
长 2.3 厘米，宽 0.7—1.5 厘米，厚 0.2—0.3 厘米
大汶口文化
距今约 5300 年—4600 年
山东济南章丘焦家出土

玉坠饰

文物编号 M164：4
长 3.4 厘米，宽 0.6—1.4 厘米，厚 0.6 厘米
大汶口文化
距今约 5300 年—4600 年
山东济南章丘焦家出土

片状，楔形，一侧有钻孔，应用于耳部装饰。

玉坠饰

文物编号 M188：3
长 2.6 厘米，宽 1.5 厘米，厚 0.2—0.8 厘米
大汶口文化
距今约 5300 年—4600 年
山东济南章丘焦家出土

玉坠饰

文物编号 M164：1
长 0.8 厘米，宽 1.1 厘米，高 1.4 厘米
大汶口文化
距今约 5300 年—4600 年
山东济南章丘焦家出土

玉坠饰

文物编号 M171：18
长 1.2 厘米，宽 0.7—1 厘米，厚 0.3—1 厘米
大汶口文化
距今约 5300 年—4600 年
山东济南章丘焦家出土

玉坠饰

文物编号 M179：2
长 1.3 厘米，宽 1.2 厘米，厚 1 厘米
大汶口文化
距今约 5300 年—4600 年
山东济南章丘焦家出土

绿松石坠饰

文物编号 M204：32
长 1.5 厘米，宽 1.5 厘米，厚 0.2 厘米
大汶口文化
距今约 5300 年—4600 年
山东济南章丘焦家出土

绿松石坠饰

文物编号 M179：4
长 1.8 厘米，宽 1.2—1.5 厘米，厚 0.2 厘米
大汶口文化
距今约 5300 年—4600 年
山东济南章丘焦家出土

绿松石坠饰

文物编号 M179：1
长 1.9 厘米，宽 0.8—1.2 厘米，厚 0.2—0.3 厘米
大汶口文化
距今约 5300 年—4600 年
山东济南章丘焦家出土

绿松石坠饰

文物编号 M173：19
长 2.2 厘米，宽 1.3 厘米，厚 0.4 厘米
大汶口文化
距今约 5300 年—4600 年
山东济南章丘焦家出土

绿松石坠饰

文物编号 M98：69
长 2.3 厘米，宽 1.1—1.2 厘米
厚 0.2—0.3 厘米
大汶口文化
距今约 5300 年—4600 年
山东济南章丘焦家出土

玉镯

文物编号 M179：5
外径 5.4 厘米，内径 3.9 厘米，厚 1.3—1.7 厘米
大汶口文化
距今约 5300 年—4600 年
山东济南章丘焦家出土

玉质白色，圆箍状，形制不规整，镯身
宽窄不等，体量较小。

玉镯

文物编号 M173：9
外径 11.1 厘米，内径 5.5 厘米
厚 0.1—0.9 厘米
大汶口文化
距今约 5300 年—4600 年
山东济南章丘焦家出土

玉质白色，圆盘状，形制规整，
边角各处均磨制光滑，制作精细，出
土于墓主右臂处。

玉镯

文物编号 M164：10
外径 7.4 厘米，内径 6 厘米，厚 3.3 厘米
大汶口文化
距今约 5300 年—4600 年
山东济南章丘焦家出土

　　玉质白色，箍状，镯身厚度均匀，内外
光滑，形制规整。这种箍形玉镯是焦家大汶
口文化常见的玉镯样式。

玉镯

文物编号 M173：8
外径 8.1 厘米，内径 5.9 厘米，高 3.5—4 厘米
大汶口文化
距今约 5300 年—4600 年
山东济南章丘焦家出土

　　玉质白色，箍状，镯身内外光滑，但形
制不甚规整，箍形部分切割磨制宽窄不等，
出土于墓主左臂处。

玉镯

文物编号 M204：12
外径 7.9 厘米，内径 6.2 厘米，厚 1.8 厘米
大汶口文化
距今约 5300 年—4600 年
山东济南章丘焦家出土

　　玉质白色，圆箍状，边角多磨制光滑，
镯身薄厚均匀，但沁蚀较重。

玉镯

文物编号 M198：6
外径 12.2 厘米，内径 6.2—6.6 厘米
厚 0.3—0.8 厘米
大汶口文化
距今约 5300 年—4600 年
山东济南章丘焦家出土

　　玉质灰白，圆盘状，边角多磨制
光滑，表面沁蚀较重。

玉镯

文物编号 M197：6
外径 7.3 厘米，内径 6 厘米，厚 2.3 厘米
大汶口文化
距今约 5300 年—4600 年
山东济南章丘焦家出土

　　玉质青白色，圆箍状，镯身周正，宽厚均匀，制作极为精细。器身有多处断裂，比较引人关注的是在断口两侧均各钻一个小孔，可以穿系线绳等物进行联接固定，显然此玉镯为墓主生前极为珍爱之物，虽遭意外断裂，却难以舍弃，于是重新钻孔复原，继续佩戴使用。

玉镯

文物编号 M182：3
外径 11.3 厘米，内径 6.7 厘米
厚 0.4—0.7 厘米
大汶口文化
距今约 5300 年—4600 年
山东济南章丘焦家出土

　　玉质灰白，圆盘状，边角多磨制光滑，表面多处绺裂，沁蚀较重，出土于墓主右臂处。

玉镯

文物编号 M179：7
外径 7.2 厘米，内径 5.6 厘米，厚 2.5 厘米
大汶口文化
距今约 5300 年—4600 年
山东济南章丘焦家出土

　　玉质灰白，圆箍状，镯身内壁平滑，外壁明显呈束腰状。制作精细，保存完好。

玉镯

文物编号 M204：10
外径 11.2 厘米，内径 6.1 厘米
厚 0.2—0.4 厘米
大汶口文化
距今约 5300 年—4600 年
山东济南章丘焦家出土

　　玉质灰白，圆盘状，体薄，边角磨制光滑，表面多处沁蚀，出土于墓主身体右侧的桡骨处。

玉镯

文物编号 M198：5
外径 8.7—8.9 厘米，内径 6 厘米，厚 1—1.1 厘米
大汶口文化
距今约 5300 年—4600 年
山东济南章丘焦家出土

玉质青白色，宽扁圆环状，镯身分为四节，各节处外缘均
有浮雕形式的节突。此种镯较其他形式的玉镯制作更为精致，
周身磨制光滑，保存状况也非同一般，其形制与良渚文化的龙
首环比较接近，两者之间在工艺方面应存在一定的相互影响。

玉指环

文物编号 M208：12
外径 3.6 厘米，内径 2.2 厘米，厚 1 厘米
大汶口文化
距今约 5300 年—4600 年
山东济南章丘焦家出土

　　玉质白色，内壁平滑，外缘圆弧。

玉指环

文物编号 M204：8
外径 4 厘米，内径 2.4 厘米，厚 2.5 厘米
大汶口文化
距今约 5300 年—4600 年
山东济南章丘焦家出土

　　玉质青绿色，内壁平滑，外缘圆弧，环体侧面有一个透钻小孔。

玉指环

文物编号 M173：5
外径 3.7 厘米，内径 2.2 厘米，厚 1.2 厘米
大汶口文化
距今约 5300 年—4600 年
山东济南章丘焦家出土

　　玉质青绿，内壁平滑，外缘圆弧。环体平面有一个透钻小孔。

玉指环

文物编号 M191：9
外径 3.6 厘米，内径 2.1 厘米，厚 0.6 厘米
大汶口文化
距今约 5300 年—4600 年
山东济南章丘焦家出土

　　玉质白色，内壁平滑，外缘圆弧，环体
不圆正。

玉指环

文物编号 M185：6
外径 4.4 厘米，内径 2.5—2.6 厘米，厚 1.3 厘米
大汶口文化
距今约 5300 年—4600 年
山东济南章丘焦家出土

　　玉质白色，内外环体均磨制成圆弧状，
环体平面有一个透钻小孔。

玉指环

文物编号 M188：4
外径 3.7 厘米，内径 2.2 厘米，厚 1.2 厘米
大汶口文化
距今约 5300 年—4600 年
山东济南章丘焦家出土

　　玉质白色，内壁平滑，外缘圆弧，环体平面有一个透钻小孔。

玉指环

文物编号 M173：4
外径 4.1 厘米，内径 2.4 厘米，厚 1.5 厘米
侧孔径 0.2—0.4 厘米
大汶口文化
距今约 5300 年—4600 年
山东济南章丘焦家出土

　　玉质白色，内壁平滑，外缘圆弧。环侧面有小钻孔通内壁。

玉环

文物编号 M98：22
外径 4 厘米，内径 1.2 厘米，厚 0.2 厘米
大汶口文化
距今约 5300 年—4600 年
山东济南章丘焦家出土

玉环

文物编号 M98：26
外径 4.2 厘米，内径 1.8 厘米，厚 0.1 厘米
大汶口文化
距今约 5300 年—4600 年
山东济南章丘焦家出土

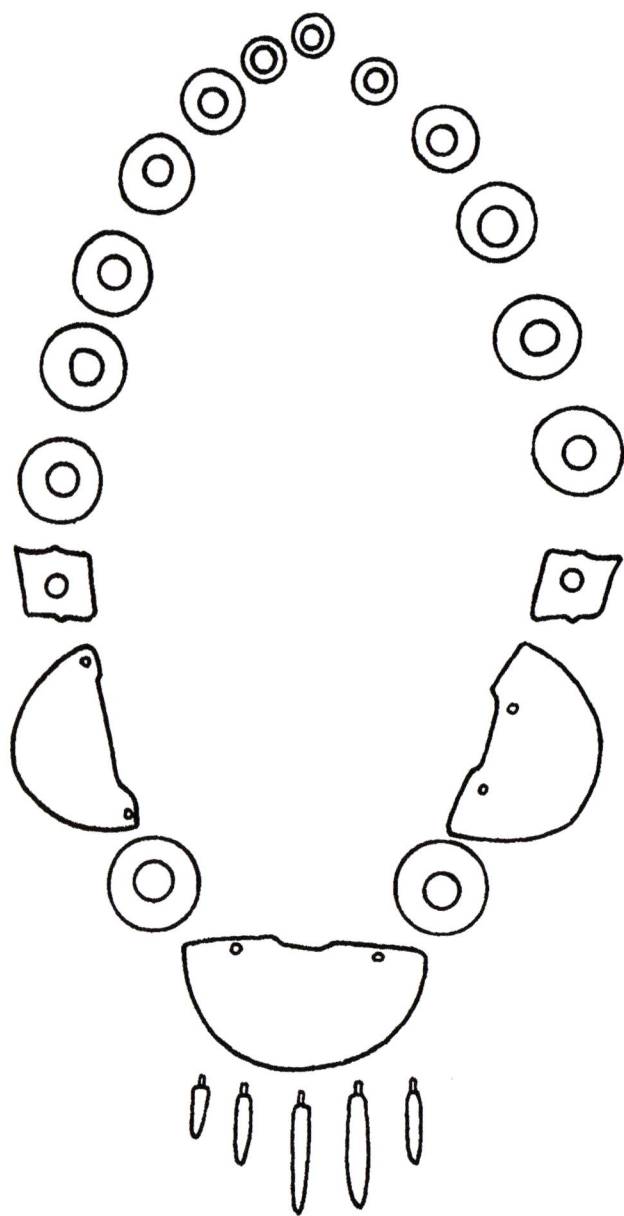

玉环使用方法示意图

玉环

文物编号 M98：27
外径 3.6 厘米，内径 1.7 厘米，厚 0.4 厘米
大汶口文化
距今约 5300 年—4600 年
山东济南章丘焦家出土

玉环

文物编号 M98：31
外径 4.7—5 厘米，内径 2.2 厘米，厚 0.4 厘米
大汶口文化
距今约 5300 年—4600 年
山东济南章丘焦家出土

玉环

文物编号 M98：32
外径 4 厘米，内径 1.4 厘米，厚 0.4 厘米
大汶口文化
距今约 5300 年—4600 年
山东济南章丘焦家出土

玉环

文物编号 M173：3
外径 5.3 厘米，内径 0.6—0.7 厘米，厚 0.2—0.3 厘米
大汶口文化
距今约 5300 年—4600 年
山东济南章丘焦家出土

玉环

文物编号 M173：6
外径 5.3—5 厘米，内径 1.3—1.5 厘米，厚 0.4—0.6 厘米
大汶口文化
距今约 5300 年—4600 年
山东济南章丘焦家出土

玉环

文物编号 M173：7
外径 4.1—4.3 厘米，内径 1.4 厘米，厚 0.1—0.3 厘米
大汶口文化
距今约 5300 年—4600 年
山东济南章丘焦家出土

玉环

文物编号 M197：1
外径 5.1 厘米，内径 2.2 厘米，厚 0.3—0.4 厘米
大汶口文化
距今约 5300 年—4600 年
山东济南章丘焦家出土

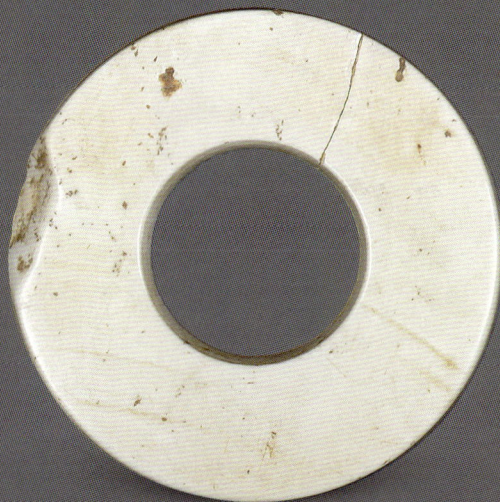

玉环

文物编号 M197：2
外径 5 厘米，内径 1.6—2 厘米，厚 0.2—0.4 厘米
大汶口文化
距今约 5300 年—4600 年
山东济南章丘焦家出土

玉环

文物编号 M197：7
外径 3.9 厘米，内径 1.4—1.9 厘米，厚 0.5—0.6 厘米
大汶口文化
距今约 5300 年—4600 年
山东济南章丘焦家出土

玉环

文物编号 M172：11
外径 5.2 厘米，内径 2.1 厘米，厚 0.5 厘米
大汶口文化
距今约 5300 年—4600 年
山东济南章丘焦家出土

玉环

文物编号 M172：4
外径 5.1 厘米，内径 2.4 厘米，厚 0.5 厘米
大汶口文化
距今约 5300 年—4600 年
山东济南章丘焦家出土

玉环

文物编号 M164：5
外径 4.6 厘米，内径 2.5 厘米，厚 0.5 厘米
大汶口文化
距今约 5300 年—4600 年
山东济南章丘焦家出土

玉环

文物编号 M186：3
外径 4 厘米，内径 1.6—1.9 厘米，厚 0.4—0.5 厘米
大汶口文化
距今约 5300 年—4600 年
山东济南章丘焦家出土

玉环

文物编号 M211：13
外径 4 厘米，内径 1.8 厘米，厚 0.4—0.5 厘米
大汶口文化
距今约 5300 年—4600 年
山东济南章丘焦家出土

玉环

文物编号 M188：5
外径 3.6—3.9 厘米，内径 1.4—1.6 厘米，厚 0.2—0.3 厘米
大汶口文化
距今约 5300 年—4600 年
山东济南章丘焦家出土

玉管

文物编号 M182：1
长 1.1 厘米，外径 1.7—1.8 厘米，内径 0.6 厘米
大汶口文化
距今约 5300 年—4600 年
山东济南章丘焦家出土

玉管

文物编号 M204：25
长 1.7 厘米，外径 1.2 厘米
大汶口文化
距今约 5300 年—4600 年
山东济南章丘焦家出土

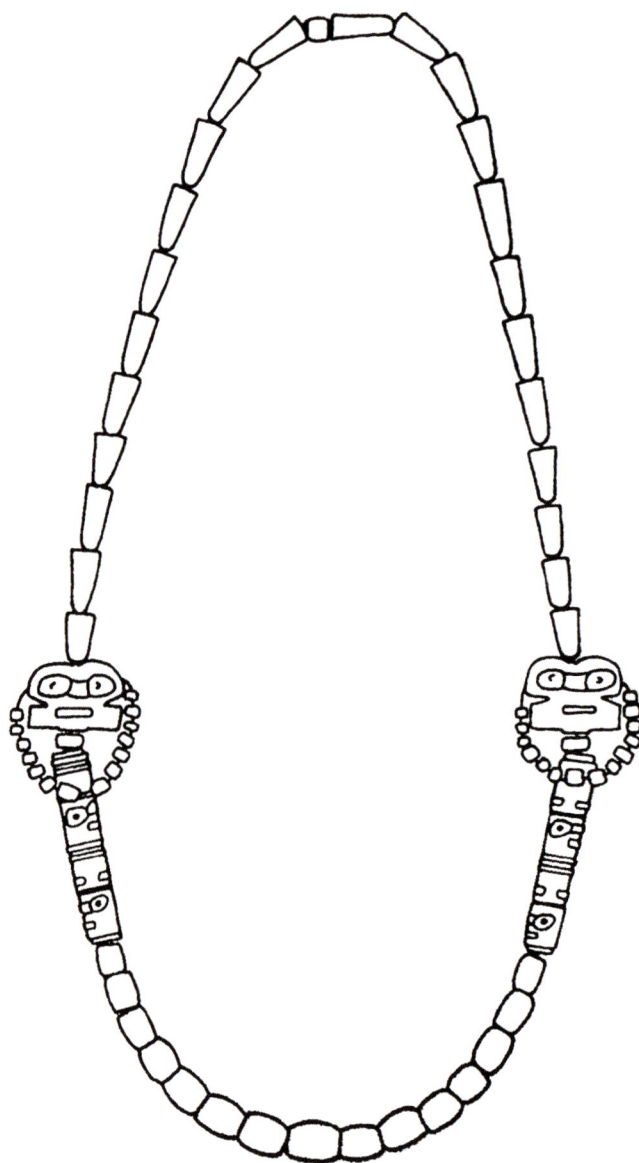

玉管使用方法示意图

琮形玉管

文物编号 M172：6
长 1.5 厘米，外径 1.2—1.3 厘米，内径 0.3—0.6 厘米
大汶口文化
距今约 5300 年—4600 年
山东济南章丘焦家出土

　　玉质白色，方柱形，中央有圆形孔，顶部有圆形台状结构与方形柱身截然分开，玉琮内圆外方的特征十分明显。四壁交接处均有浮雕的兽面纹形象，器形虽小，图案也比较简化，但凹凸的质感显露无遗。

琮形玉管

文物编号 M172：5
长 1.6 厘米，外径 1.2—1.5 厘米
内径 0.3—0.6 厘米
大汶口文化
距今约 5300 年—4600 年
山东济南章丘焦家出土

龙山时代的历史跨越

　　龙山文化上承大汶口文化，下启岳石文化，年代距今约 4600 年—4000 年，其发展水平达到了黄河下游地区远古文化的顶峰。除了强劲的地域影响，龙山文化还以发达的手工业著称，创新并吸收周边先进文化因素，使工艺技术实现了历史的跨越。陶器已采用快轮拉坯技术，制作出磨光黑陶、蛋壳黑陶和白陶器，达到古代制陶工艺的最高水平。治玉水平攀升，除了以钺、刀、圭等为代表的大型礼器，还有以镂雕、线刻等手法制作的复杂精美的玉饰，治玉技术和用玉制度已十分发达和成熟。

白陶鬶

文物编号 00532
宽 16—21.8 厘米，高 23.8 厘米
龙山文化
距今约 4600 年—4000 年
山东泗水尹家城出土

夹砂白陶，广口，粗短颈，短流，流口两侧内收，颈部有小横耳一对，并饰三道凸弦纹。条状弧形把手上联口部，下接袋足。器形整体较矮，乳状分裆肥袋足，末端有实足根，足尖纤巧。白陶鬶是龙山时期的酒器。

白陶鬶

文物编号 00720
高 29.2 厘米
龙山文化
距今约 4600 年—4000 年
山东泗水尹家城出土

夹砂白陶，直口，短颈，斜向短流。颈部有小横耳与乳钉
纹各一对，并饰三道凸弦纹，桥形把手外卷，乳状分裆袋足，
末端有实足根，足尖短小。

白陶鬶

文物编号 00337
宽 13—15.7 厘米，高 21.7 厘米
龙山文化
距今约 4600 年—4000 年
山东泗水尹家城出土

夹砂白陶，直口，短颈，长流，颈部饰一周凸弦纹，下有
附耳一对，桥形把手外卷，乳状分裆袋足，末端有长实足根。

白陶鬶

文物编号 006049
高 28.3 厘米
龙山文化
距今约 4600 年—4000 年
山东日照东海峪出土

夹砂白陶，细长颈，颈腹分界明显，流口窄细，两侧内收，腹较深，腹部饰一周弦纹，宽带状把手，联裆实足，足根尖且细长。

白陶鬶

文物编号 006050
高 36 厘米
龙山文化
距今约 4600 年—4000 年
山东潍坊白浪河出土

夹细砂陶，弧形长流，粗长颈，浅腹，颈腹接合处饰弦纹带，鼓腹处饰一周凸棱纹和绞索形冠状耳。绞索状把手，联裆实足。

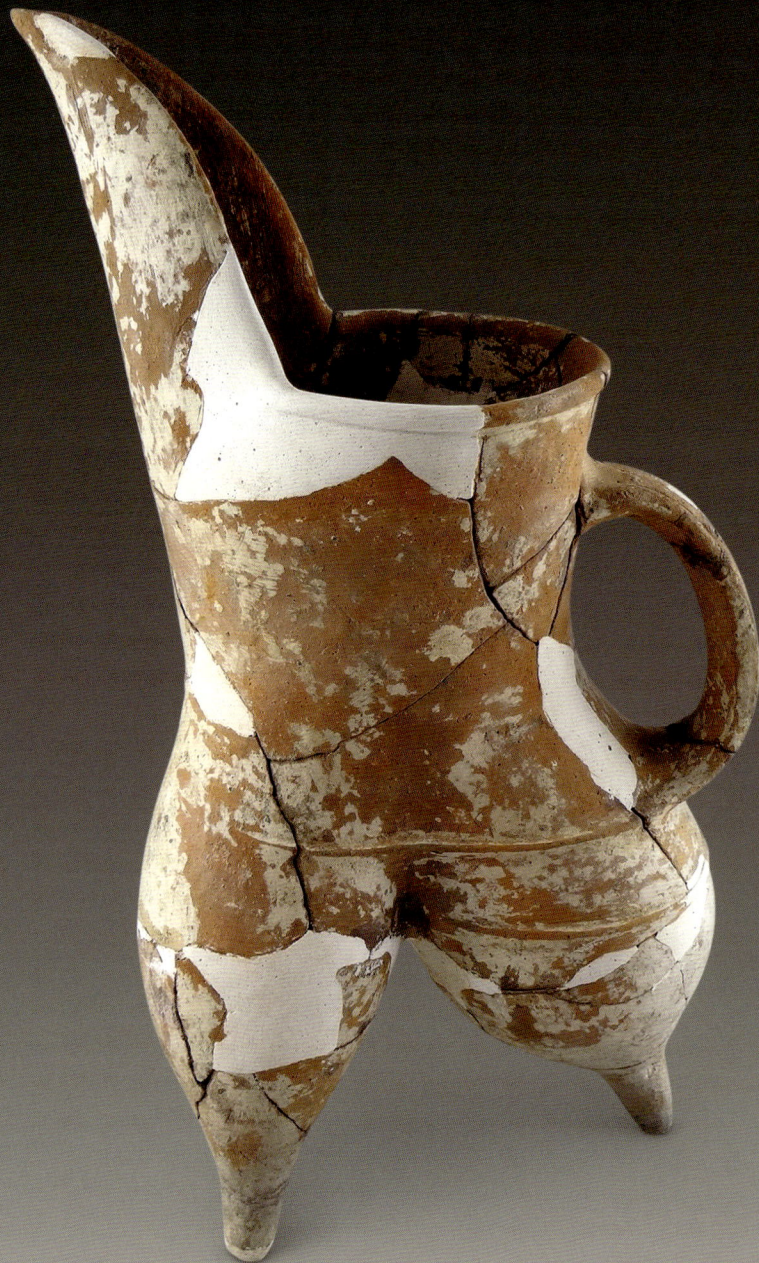

白衣陶鬶

文物编号 00786
宽 15.5—19.5 厘米，高 33.1 厘米
龙山文化
距今约 4600 年—4000 年
山东日照两城镇出土

夹砂褐陶，广口，粗长颈，弧形长流，流口两侧内收，末端略向前部弯曲。颈腹接合处呈束腰状，桥形把手。袋足表面饰横向凸棱纹，分裆肥袋足，末端有长实足根。陶胎表面打磨光滑再遍涂白陶衣，制作成仿白陶鬶的效果。

黑陶单耳杯

文物编号 00669
口径 9.1 厘米，高 9.7 厘米
龙山文化
距今约 4600 年—4000 年
山东邹平丁公出土

　　泥质黑陶，敞口，斜腹，近底处束腰，大平底，口沿下及腹部各饰两周凹弦纹带，轮制痕迹明显。腹部偏下部有一条状单耳把手。

黑陶单耳杯

文物编号 00690
口径 8.2 厘米，高 13 厘米
龙山文化
距今约 4600 年—4000 年
山东泗水尹家城出土

　　泥质黑陶，筒形深腹，大口平底，腹部中部偏下有一周凸棱，近底部有桥形单耳把手。器表磨光，留有大量轮制时形成的旋纹痕迹。

黑陶单耳杯

文物编号 00302
口径 6.1 厘米，底径 6.5 厘米，高 6.6 厘米
龙山文化
距今约 4600 年—4000 年
山东泗水尹家城出土

　　泥质黑陶，直口，筒形腹，中部略内收，大平底，桥形单耳把手。器表未经细致打磨，留有大量轮制时形成的横向旋纹。

黑陶单耳杯

文物编号 006125
口径 4.5 厘米，高 6 厘米
龙山文化
距今约 4600 年—4000 年
山东日照两城镇出土

泥质黑陶，圆唇，侈口，粗高颈。鼓腹，平底，颈腹之间
饰一周凸棱。粗条带状单耳把手，上联杯口，下接腹部。

灰陶鸟喙足盆形鼎

文物编号 006043
口径 19 厘米，高 16.5 厘米
龙山文化
距今约 4600 年—4000 年
山东日照两城镇出土

夹砂灰陶，敞口，内折窄平沿，口部外侧等距分布四个横耳，直壁，深腹，平底，腹部饰四道凸棱。鸟喙形足，中线起脊，两侧圈状圆眼。口沿边缘、腹部凸棱、足部脊线等部位有戳印纹，足部中央的脊线压制出缺口，状如禽类头部的肉冠，凸显了陶器特征中的鸟类形象，是大汶口文化先民尚鸟习俗的体现。

灰陶鸟喙足罐形鼎

文物编号 006041
口径 20.4 厘米，高 23 厘米
龙山文化
距今约 4600 年—4000 年
山东邹平丁公出土

　　夹砂灰陶，圆唇，折沿，敞口，鼓腹，圜底，颈部下方刻画两周凹弦纹，弦纹上左右对称装有一对舌形鋬，鋬上带竖向小孔。鸟喙形足，中央起凸脊，深孔状圆眼。

黑陶豆

文物编号 00529
口径 16.7 厘米，底径 10.4 厘米，高 8.9 厘米
龙山文化
距今约 4600 年—4000 年
山东邹平丁公遗址出土

泥质黑陶，宽平折沿，浅盘，粗柄。底座略呈喇叭形，底口宽出呈圆台状。轮制，通体内外素面磨光。

黑陶豆

文物编号 006073

口径 19.5 厘米，高 10.8 厘米

龙山文化

距今约 4600 年—4000 年

山东泗水尹家城出土

泥质黑陶，宽平折沿，浅盘，柄部呈粗体的圆柱状。底口宽出呈圆台状。轮制，通体内外素面磨光。

黑陶罐

文物编号 006059
口径 9.4 厘米，底径 14.4 厘米，高 30 厘米
龙山文化
距今约 4600 年—4000 年
山东泗水尹家城出土

夹细砂黑陶，轮制，器身修长，口微内敛，弧形深腹。盖呈圆筒状，盖顶中部有圆形钮，盖侧面饰凸棱纹。腹部饰多道弦纹，弦纹带处等距分布四个横耳，与圈足上四个圆形镂孔位置相对应。高圈足，底口略呈喇叭状。

黑陶罐

文物编号 00061
口径 11.3 厘米，腹径 14.6 厘米
底径 7.6 厘米，高 16 厘米
龙山文化
距今约 4600 年—4000 年
山东日照两城镇出土

泥质黑陶，方唇，卷沿，束颈，溜肩，鼓腹，平底。通体
磨光，肩部及上腹部各饰两周凹弦纹。

玉钺

文物编号 006081
残长 30 厘米，宽 9.5—10.2 厘米
龙山文化
距今约 4600 年—4000 年
山东日照两城镇出土

　　墨绿色玉质，长条形，一端有圆形穿孔，另一端为斜向刃口，有使用痕迹，刃部有多处缺口。

玉钺

文物编号 006083
长 12.7 厘米，宽 8—9.7 厘米，厚 1.1—1.2 厘米
龙山文化
距今约 4600 年—4000 年
山东日照两城镇出土

　　碧绿色，长梯形，一端正中有一穿孔，两面对钻而成，另一端为平直的刃口，通体打磨光润，局部有墨绿色条纹形晕斑。一侧边微有缺损处，似是加工过程中因玉材本身绺裂形成的自然剥落。

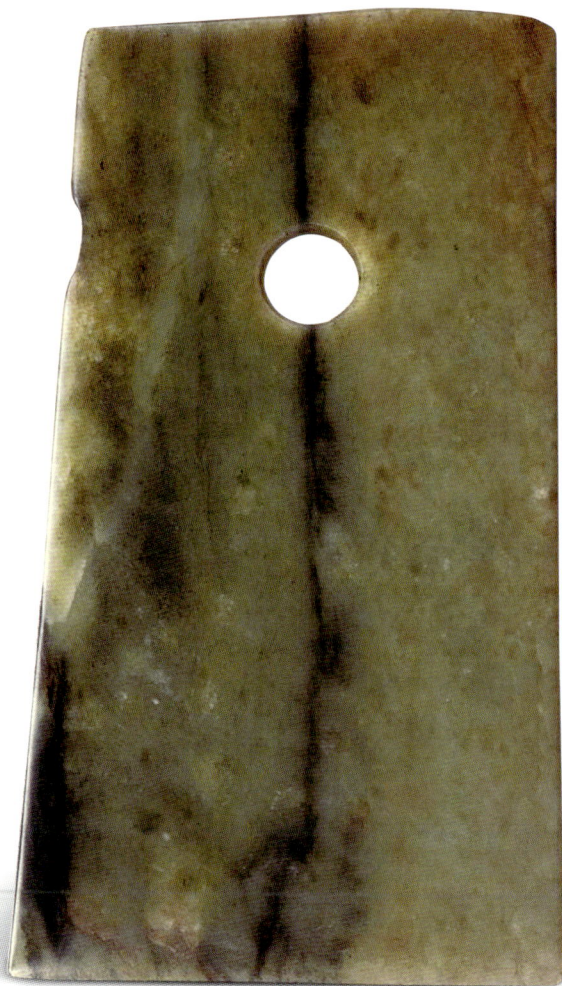

玉刀

文物编号 006084
长 16.1 厘米，宽 7.8—8.1 厘米
龙山文化
距今约 4600 年—4000 年
山东泗水尹家城出土

青绿色，半透明，通体研磨精细，局部有残缺。平面为长方形。器身扁薄，一侧短边保留有对向切割的沟槽痕迹，旁有双面铤钻单孔，另一侧短边有双面刃，刃面较短，刃部微弧。一侧长边有锋利的单面刃，另一侧长边为刀背。从刃部与孔部的分布情况推测该器似乎兼具玉刀与玉钺的功能。

玉刀

文物编号 006080
上边长 21 厘米，底边长 26 厘米
最宽处 12.4 厘米，厚 0.2—0.5 厘米
龙山文化
距今约 4600 年—4000 年
山东日照两城镇出土

墨绿色玉质，梯形，底边刃部有残缺。梯形底边刃部及两腰处均染有紫红色颜料。两腰一边短而平直，研磨光滑；一边长而斜出，有单面"刃"，未经研磨。

遗址周围的考古调查

断崖边的遗存信号

操作测绘仪器

让我测个点

小飞机得听我指挥

这是我经常的姿势

谁能听懂我们的对话

让我继续和器物聊会儿

烈日下的工作

我需要更加仔细

考古字典里"巾帼"有自己的写法

这是需要呵护的宝贝

我的灰坑我做主

寻找和辨识的过程需要坚持

收获的感觉有些幸福

发掘现场凌乱中有秩序

这些老师在商量啥

夏正楷、靳桂云老师探讨如何取样

排排坐去取样

浮选土样有点多

栾丰实教授现场指导学生

王芬教授现场教学

路国权老师现场教学

瞧，2017 年的一家子

让考古走向大众

走在考古的路上是幸福

数不清的黎明和黄昏

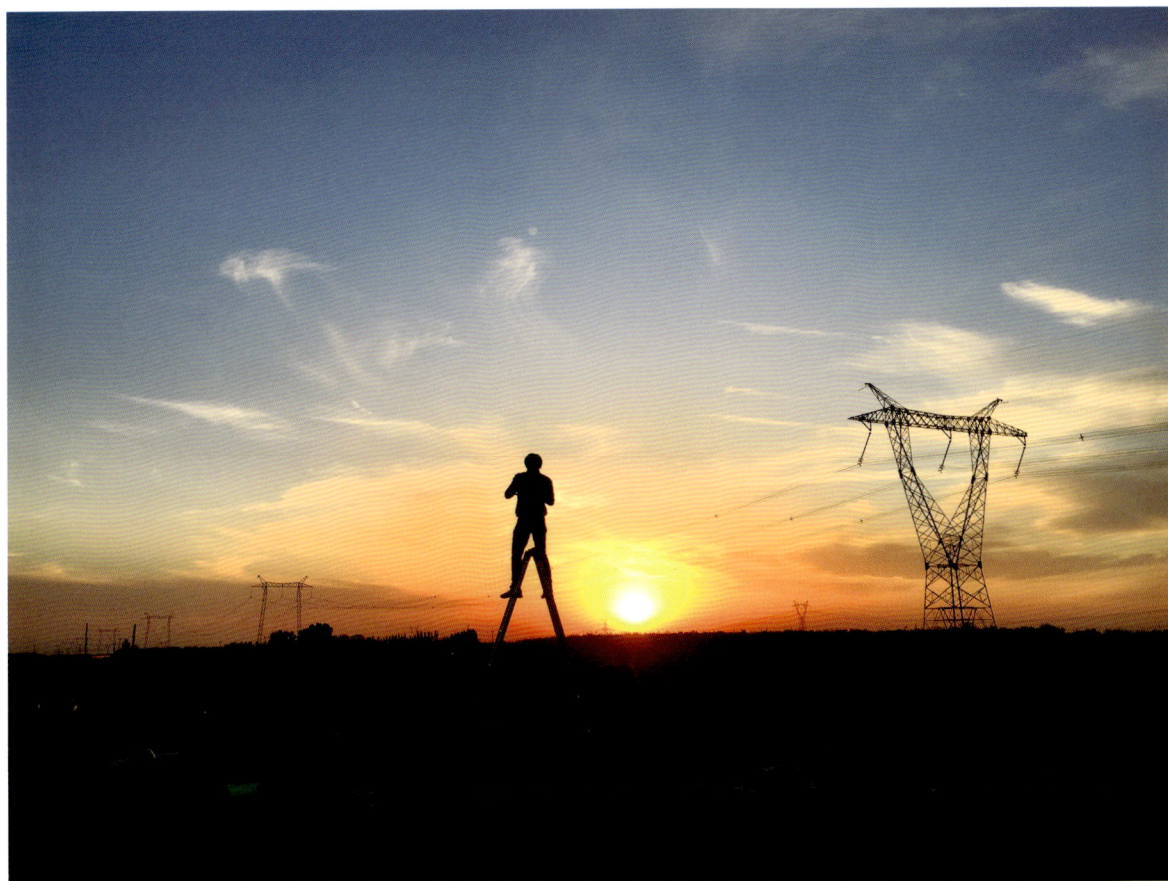

焦家考古的诗和远方

横空出世

焦家遗址是在探讨中华文明起源国家行动的关键阶段被发现的远古遗址，填补了鲁中南地区大汶口文化中晚期聚落形态研究的空白，它的横空出世为探究黄河下游地区古代社会的发展演进过程提供了珍贵的线索。焦家遗址1987年被发现，1992年被列入省级重点文物保护单位，2016—2017年，山东大学历史文化学院对遗址进行了两次发掘，重要发现以大汶口文化为主体，发现了夯土城墙、壕沟、墓葬，揭露出较完整等丰富的大汶口文化遗址，出土了大量陶器、玉器、骨器等文物，年代距今约5300—4600年，大汶口文化是龙山文化的直接源头。

焦家遗址地理环境

焦家和苏阎遗址位于济南市章丘区龙山街道，南距著名的龙山文化遗址——城子崖遗址约4公里，遗存时代主要为大汶口文化中晚期阶段，年代距今5300—4600年，遗址总面积超过100万平方米。

专家学者考察遗址发现

自2016年遗址发现至今，先后有国家文物局、山东省文物局，中国社会科学院、北京大学等单位的考古学专家到焦家遗址参观考察并指导工作。

王者之城

中国古代统称东方各国为东国，并以远近划分，近者为小东，远者为大东。今天的山东地区就在大东的范围内，是传统上东方地区的代表之一。焦家遗址夯土城墙、环绕城墙的壕沟和一大批高等级墓葬，以及大批量的玉器、白陶和彩陶的发现，昭示着在大汶口文化中晚期阶段，焦家新石器时代古城已成为距今5000年前后鲁北地区的中心聚落，是当之无愧的王者之城。

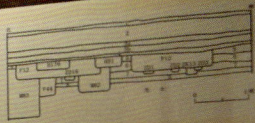

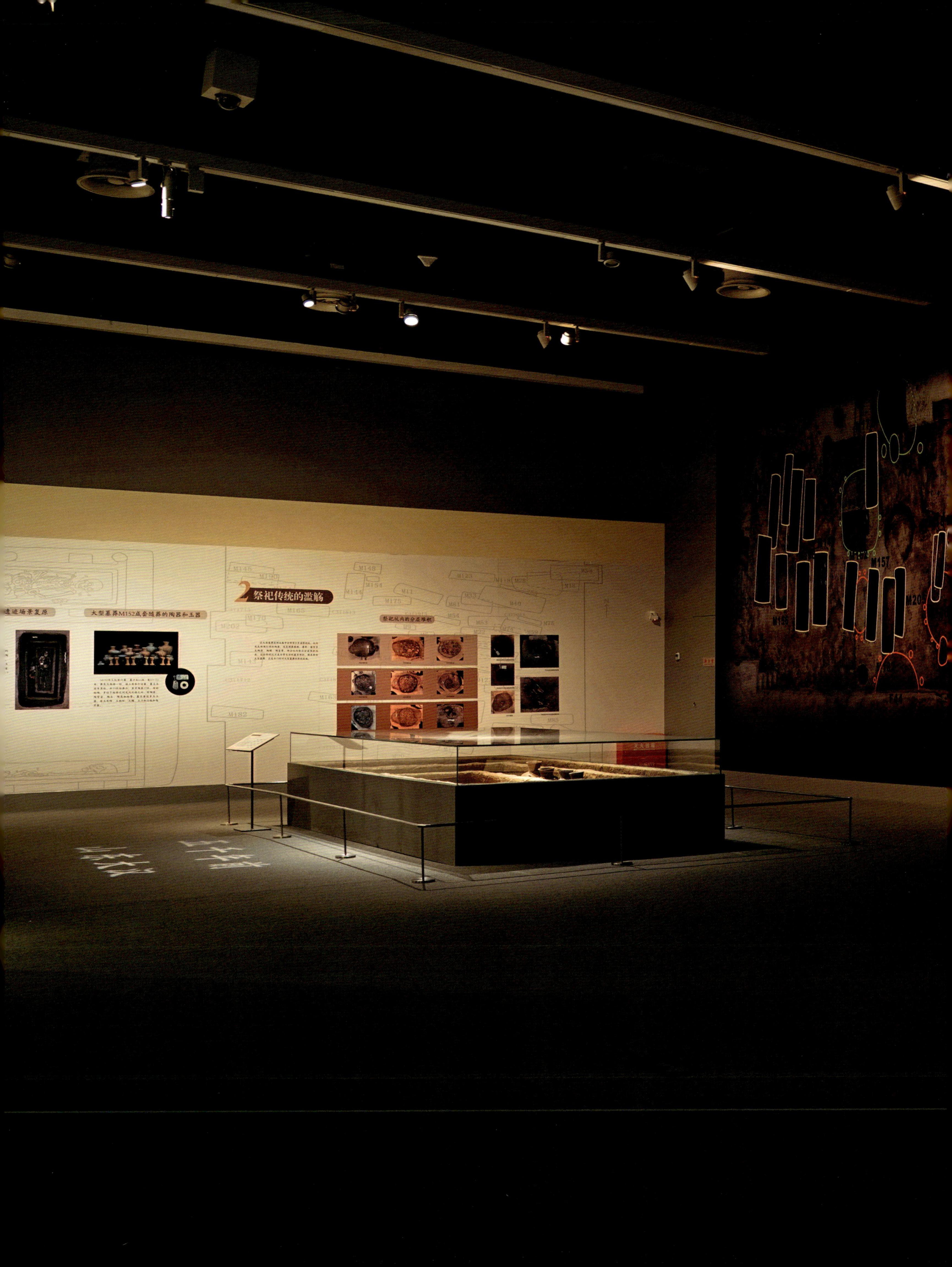
2祭祀传统的滥觞
遗迹场景复原
大型墓葬M152成套随葬的陶器和玉器
祭祀坑内的分层堆积

工艺流变

众多研究理表明，淀县遗址坝在区域是此龙山文化竞争中的龙汶口文化时期丈明台形成的重要星村塅，忘距今5000多年前，这里已探布有了十分发达的陶方工艺技术，出现了专业化的生产模式，并在实现中不断发展提升，这为与祖村人们的精神生活和精神信仰密切相关的探密洋窍，为提品老平期丈明州团各。此点级5000年华的源长星展品，大汶口文化过度为龙山文化，其城城会窍竞厂，发展水平竞高，出现了济东歇院豪南的新视貌，在这向平期丈明的进程中立进了一步，实现了新的历史飞跃。

白陶鬶